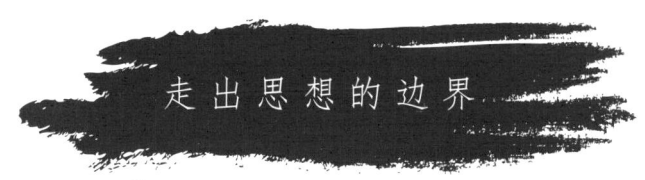

走出思想的边界

knowledge-power
读行者

著作财产权人：©东大图书股份有限公司

本著作中文简体字版由东大图书股份有限公司许可中南博集天卷文化传媒有限公司在中国大陆地区发行、散布与贩售。

未经著作财产权人书面许可，禁止对本著作之任何部分以电子、数位、影印、录音或任何其他方式复制、转载或散播。

作品

中国历史研究法

目 录

钱穆作品精粹序 /001
序 /001

第一讲　如何研究通史 /001
第二讲　如何研究政治史 /016
第三讲　如何研究社会史 /033
第四讲　如何研究经济史 /050
第五讲　如何研究学术史 /066
第六讲　如何研究历史人物 /082
第七讲　如何研究历史地理 /100
第八讲　如何研究文化史 /116

附　录 /131
略论治史方法 /133
历史教育几点流行的误解 /141

钱穆作品精粹序

钱穆先生身处中国近代的动荡时局，于西风东渐之际，毅然承担起宣扬中华文化的重任，冀望唤醒民族之灵魂。他以史为轴，广涉群经子学，开辟以史入经的崭新思路，其学术成就直接反映了中国近代学术史之变迁，展现出中华传统文化的辉煌与不朽，并撑起了中华学术与思想文化的一方天地，成就斐然。

三民书局与先生以书结缘，不遗余力地保存先生珍贵的学术思想，希冀能为传扬先生著作，以及承续传统文化略尽绵薄。

自一九六九年十一月迄于一九九一年十二月，二十多年间，三民书局总共出版了钱穆先生长达六十余年（一九二三至一九八九）之经典著作——三十九种四十册。兹序列书目及本局初版日期如下：

中国文化丛谈　　　　　　　　（一九六九年十一月）
中国史学名著　　　　　　　　（一九七三年二月）

文化与教育	（一九七六年二月）
中国学术思想史论丛（一）	（一九七六年六月）
国史新论	（一九七六年八月）
中国历代政治得失	（一九七六年八月）
中国历史精神	（一九七六年十二月）
中国学术思想史论丛（二）	（一九七七年二月）
世界局势与中国文化	（一九七七年五月）
中国学术思想史论丛（三）	（一九七七年七月）
中国学术思想史论丛（四）	（一九七八年一月）
黄帝	（一九七八年四月）
两汉经学今古文平议	（一九七八年七月）
中国学术思想史论丛（五）	（一九七八年七月）
中国学术思想史论丛（六）	（一九七八年十一月）
中国学术思想史论丛（七）	（一九七九年七月）
历史与文化论丛	（一九七九年八月）
中国学术思想史论丛（八）	（一九八〇年三月）
湖上闲思录	（一九八〇年九月）
人生十论	（一九八二年七月）
古史地理论丛	（一九八二年七月）
八十忆双亲·师友杂忆（合刊）	（一九八三年一月）
宋代理学三书随札	（一九八三年十月）
中国文学论丛	（一九八三年十月）
现代中国学术论衡	（一九八四年十二月）
秦汉史	（一九八五年一月）
中华文化十二讲	（一九八五年十一月）
庄子纂笺	（一九八五年十一月）

朱子学提纲	（一九八六年一月）
先秦诸子系年	（一九八六年二月）
孔子传	（一九八七年七月）
晚学盲言（上）（下）	（一九八七年八月）
中国历史研究法	（一九八八年一月）
论语新解	（一九八八年四月）
中国史学发微	（一九八九年三月）
新亚遗铎	（一九八九年九月）
民族与文化	（一九八九年十二月）
中国思想通俗讲话	（一九九〇年一月）
庄老通辨	（一九九一年十二月）

二〇二二年，三民书局将先生上述作品全数改版完成，搭配极具整体感，质朴素雅、简洁大方的书封设计，期能以全新面貌，带领读者认识国学大家的学术风范、思想精髓。

谨以此篇略记出版钱穆先生作品缘由与梗概，是为序。

三民书局
东大图书
谨识

序

近人治学，都知注重材料与方法。但做学问，当知先应有一番意义。意义不同，则所采用之材料与其运用材料之方法，亦将随而不同。即如历史，材料无穷，若使治史者没有先决定一番意义，专一注重在方法上，专用一套方法来驾驭此无穷之材料，将使历史研究漫无止境，而亦更无意义可言。黄茅白苇，一望皆是，虽是材料不同，而实使人不免有陈陈相因之感。

此书乃汇集八次讲演而成。在一九六一年，香港某一学术机构，邀我去做讲演。历史研究法之大总题，乃由此一机构所决定。我则在此讲题下，先决定一研究历史之意义，然后再从此一意义来讲研究方法。故我此书，实可另赋一名曰中国历史文化大义。研究历史，所最应注意者，乃为在此历史背后所蕴藏而完成之文化。历史乃其外表，文化则是其内容。

本此主要意义而分本讲演为八题。最先是讲如何研究通史，最后是讲如何研究文化史。其实文化史必然是一部通史，而一部通史，则最好应以文化为其主要之内容。其间更分政治、社会、经济、学术、人物与地理之六分题，每一分题，各有其主要内容，而以文化为其共通对象与共通骨干。

每一分题，在其共通对象文化大体系之下，各自地位不同，分量不同，其所应着重之材料与其研究方法亦随而不同。读者勿忘我此八番讲演之主要意义所在，自将可见我此所讲，语语有本源来处，亦语语有归宿去处。

此一讲演集，先由我一学生叶龙君记录讲辞，再由我整理润饰。一九六一年底，曾在香港出版。惟初版后未再付印。此版乃是在台之第一版，内容一如初版，只在不关紧要之文字上稍有些少之改动。因初版并未有序，此版特为增入，以稔读者。

一九六九年四月钱穆自识于台北外双溪之素书楼

附识：

此书多年绝版，今整理重印，略有增润。并附录早年两文：《略论治史方法》《历史教育几点流行的误解》于后。

一九八七年双十节钱穆自识于
台北士林外双溪之素书楼时年九十有三

第一讲　如何研究通史

一

本书总讲题是如何研究中国史。这是第一讲，讲题"如何研究中国通史"。但讲这一题目，容易流于空泛肤浅。请诸位原谅。

让我首先问为何要研究中国史？简单回答："中国人当知道些中国史。"这是一项极普通极基本的道理，我们应当承认。昨天报载美国前总统杜鲁门发表谈话，主张美国青年应多知道些美国史。同样，每一个国家的公民都应该知道些关于他们自己本国的历史，中国人应该知道些中国史。中国史讲的中国人之本原和来历，我们知道了中国史，才算知道了中国人，知道了中国人之真实性与可能性，特异性与优良性。我们也可说，知道了中国史才算知道了我们各自的自己。譬如我们认识一位朋友，总不能单在他的高矮肥瘦上去认识，当然该知道一些他以往的历史，如他的姓名、籍贯、学历、性情、才干等，我们才算是知道认识了此朋友。我们是中国人，只有在中国史里来认识我们自己。不仅要认识我们的以往，并要认识我们的将来。若非研究历史，即无从得此认识。

二

历史有其特殊性、变异性与传统性。研究历史首先要注意的便是其特殊性。我们以往的传统，与其他民族有变有异，有自己的特殊性。没有特殊性，就不成为历史。如果世界上一切国家民族，都没有其相互间的个别特殊性，只是混同一色，那就只需要，亦只可能，有一部人类史或世界史便概括尽了。更不须，也不能，再有各国国别史之分。

其次，历史必然有其变异性。历史常在变动中进展。没有变，不成为历史。我们读小说，常见说："有事话长，无事话短。"所谓有事即是有变。无变就不见有事。年年月月，大家都是千篇一律过日子，没有什么变动，此等日常人生便写不进历史。历史之必具变异性，正如其必具特殊性。我们再把此二者，即特殊性和变异性加在一起，就成为历史之传统性。我们研究历史，首先就当知道历史的三种特性。

现在再讲中国史和西洋史有何不同。据我个人意见，至少西洋史是可分割的，可以把历史上每一时期划断。如希腊史和罗马史，两者间就显可划分。以下是他们的中古时期，这又是一个全新的时期，与以前不同。此下则是他们的近代史，现代国家兴起，又是另一段落了。如此划分开来，各有起迄。而中国史则是先后相承不可分割的，五千年一贯下来，永远是一部中国史，通体是一部中国史。战国以后有秦汉，绝不能和西方之希腊以后有罗马相比。这显然见得双方历史互有不同，此即是我上面所指述的历史之特殊性。但此处当注意者，我们只可说，西洋史可分割，中国史不可分割，却不能说中国历史没有变动性。我们只能说，西方历史的变动比较显而在外，使人易见。中国历史的变动，却隐而在内，使人不易觉察。我常说，西洋历史如一本剧，中国历史像一首诗。诗之衔接，一句句地连续下去，中间并非没有变，但一首诗总是浑涵一气，和戏剧有不同。

三

诸位研究历史，首当注意变。其实历史本身就是一个变，治史所以明变。简言之，这一时期的历史和前一时期不同，其前后之相异处即是变。因此乃有所谓历史时代。历史时代之划分，即划分在其变上。如果没有变，便无时代可分。我们当知，并非先有了各个时代，才有这各个时代的历史。乃是先有了这一段历史，才照此历史来划分为各时代。时代只是历史的影子，乃由历史中照映出时代。无时代之变，便无历史可写。如在先史以前，人类存在，已不知其经过了几十万年。但其间变动少，便亦无许多时代可分，亦无详细历史可写。于是便成为我们对这一段历史之所知少。实因这一段历史自身之变动少，人类进步迟缓，故无事变可言时代可分。浅言作譬，如一人，只是生老病死，只是温饱度日。在其人生过程中，无特殊性，无变异性，其人之一生，便亦无历史可言。

西洋史总分上古、中古和近代三时期。上古史指的是希腊和罗马时期，中古史指的是封建时期，近代史指的是现代国家兴起以后。但中国人讲历史常据朝代分，称之为断代史。如先秦史、秦汉史、魏晋南北朝史、隋唐史、宋辽金史、元史、明史、清史等。因此有人说中国史只是一部帝王家谱，乃把王朝兴亡来划分时代。李家做了皇帝就名唐史，朱家做了皇帝就称明史，此说实甚不然。一个统一王朝之兴起，其政府规模可以维持数百年之久，在这一时期中变动比较少。突然这一王朝崩溃了，另一新王朝起而代之，当然在这两朝代之间历史会起大变动，所以把断代史来划分时期，就中国历史言，可以说是一种自然划分，亦无很大不妥当处。

若我们必要比照西洋史分法，则中国的上古史当断在战国末年。秦以下，郡县政治大一统局面开始，便该是中国的中古史了。但这与西方的中古时期不同。大体说来，西方中古时期是一段黑暗时期，而中国汉唐时代，政治社会各方面甚多进步。不仅不比我们的上古史逊色，又且有许多处驾而上之。我们也可将秦代起至清末止，两千年来一气相承，称之为中国历史之中古期，不当在中间再加划分。若定要划分，亦可分作两期。五代以前为一期，我们不妨称五代以前为中国的中古史，这一段历史，因离我们比较远，由我们现代人读来，有许多事情也比较地难了解难明白。宋以下的历史，和我们时代相接近，读来较易了解易明白。我们也可说，中国的近代史，自宋代即开始了。

如此说来，可以说中国史常比西方史走先了一步。秦代已是中国的中古时期，宋代已是中国的近代时期了。如此便发生了一问题，即中国史为何似比西方历史先进，这是否可称为中国历史之早熟？但现代史上的中国，却比西方落后，其原因又何在呢？历史本不是齐轨并进的，把一部中国史比起西方史来，何以忽然在前，又忽焉在后？近代西方何以如此突飞猛进，近代中国何以如此滞迟不前？这里面便见出有问题，值得我们去研究与解答。

四

其次，我们研究历史之变，亦宜分辨其所变之大与小。例如从春秋到战国是一变，但这尚是小变。从战国到秦却是一大变。自东汉到三国魏晋时代却又为一大变。历史进程，一步步地不断在变。从此不断之变中，我们又该默察其究竟变向哪里去。正如一个人走路，我们可以察看他的行踪和路线，来推测他想走向哪里去。同样情形，治史者亦可从历史进程各时期之变动中，来寻求历史之大趋势和大动向。固然在历史进程中，也不断有顿挫与曲折，甚至于逆转与倒退。但此等大多由外部原因迫成。在此种顿挫曲折、逆转与倒退之中，依然仍有其大趋势与大动向可见。此等长期历史之大趋势与大动向，却正表现出每一民族之历史个性有不同。我们学历史，正要根据历史来找出其动向，看它在何处变，变向何处去。要寻出历史趋势中之内在向往，内在要求。我们要能把握到此历史个性，才算知道了历史，才能来指导历史，使其更前进。使其前进到更合理想的道路上，向更合理想的境界去。

今试粗略言之。中国史的趋势，似乎总向团结融和的方向走。虽然其间也有如战国、魏晋、南北朝、五代，以及如今天般的分裂时代，但中国历史的大趋向，则总是向往于团结与融和。西方史则总像易趋于分裂与斗争。中国史上有造反与作乱，但和西方史上所谓革命不同。中国史上也有向外扩展，但与西洋史上之帝国征服又不同。此项所谓历史的大趋势大动向，我们无法在短时期中看清楚。但经历了历史上的长时期演变，自能见出所谓各自的历史个性，亦可说即是在历史背后之国民性或民族性之表现。刚才已说过，中国史即是中国人之来历与其真实性之表现。西洋史亦即是西洋人之来历与其真实性之表现。因此，历史个性不同，亦即是其民族精神之不同，也可说是文化传统的不同。一个民族及其文化之有无前途，其前途何在，都可从此处即历史往迹去看。这是研究历史之大意义大价值所在。

我们该自历史演变中，寻出其动向与趋势，就可看出历史传统。我此所谓历史传统，乃指其在历史演进中有其内在的一番精神，一股力量。亦可说是各自历史之生命，或说是各自历史的个性。这一股力量与个性，亦可谓是他们的历史精神。能使历史在无形中，在不知不觉中，各循其自己的路线而前进。若那些在历史进程中沉淀下来的，或僵化而变成的一些渣滓，此乃依随着历史生命而俱来的一种历史病，却不当误看为历史传统。

五

现在我们再重述前面所讲的意义。如何研究历史，贵能从异求变，从变见性。从外到内，期有深入的了解。我们研究历史，其入手处也可有三种途径：

第一种是由上而下，自古到今，循着时代先后来做通体的研究。治史必有一起点，然后由此以达彼。此起点，即是从入之途。我们研究历史要先有一知识据点，然后再由此据点推寻到其他另一点。例如这讲台上有茶杯，我知道它是茶杯，同时即知道旁的东西非茶杯。我虽未知此许多东西是何物，但起码已知道了它绝不是一茶杯。如我们读《左传》，先明白了春秋时代是怎么一回事，待我们读到战国史时，便见战国与春秋有不同。此即所谓从异明变。普通自该从古到今，从先而后地顺次读下。但现代人似乎觉得这样学历史太麻烦了，真有"一部二十四史，不知从何说起"之感。也有人以为古代史已是年代湮远，和我们现时代太隔别了，似乎不太相干。再来研究它，未免太不切实际。此说若或有理。让我试讲第二种研究历史的途径。

第二种研究历史的途径，就是自下溯上，自今到古，由现代逆追到古代去。只把握住现代史上任何一点一方面，无论是政治的、社会的、经济的、学术思想的等等，任何一事实一问题，都可据我们眼前的实际问题循序上推，寻根究底地研究，也可明白出这一事变之所以然来。

另外又有一种研究途径，便是纯看自己的兴趣，或是依随于各自之便利，即以作为研究历史的肇端。例如听人谈到宋史，说起王荆公新法如何，司马温公反对新法又如何，忽然引起兴趣，便不妨从此一处起，来做宋史之钻研。只求在一处能深入有体悟，自然会欲罢不能，便推及到其他处去。为要知道此一事的前因后果，而很自然地上溯下寻，愈推愈远，这就是一种历史研究了。又如或是受了某一师友的影响，或偶然读得一本新书，而得了某一项启示，因而引起了研究历史的兴趣和动机，也尽可从此入手。总之，要学历史，只要能知道了某一代，某一地，某一事，或某一人物，都可以此为据点，来开始前进做研究。例如汉武帝、曹操等人物，都是我们耳熟能详的。但我们不仅在外表上只知道一个是红面，一个是黑面就算。要能从容不迫，沉潜深入，自然渐渐能穷原竟委，做出一番明透的鞭辟入里的研究来。

但如上述第三种，根据某一问题来研究历史，实不是最理想的。例如有人提出一问题："中国何以会有共产党？"若循此做研究，经过一番推溯，在中华民国政府成立以前，中国并无共产党，而且在百多年前，此世界亦尚无马克思其人。那么此一问题似乎推究到此即完了，中断了。你将认为上面历史和此无关，如是的心习，会使你走上许多狭窄肤浅短视的路上去。因此即使我们要根据当前问题来推究，也得首先将此问题暂放一边，平心静气，仍从历史本身的通体来做研究，如此才能对你的原有问题得出一正当的结论。我们当知，从研究历史用心，可以解决问题。若仅从解决某些问题上用心，却不一定能了解历史。这等于说，明体可以达用，而求用心切，却不一定能明体。

故此，我们若真要研究历史，仍不如从头到尾做通体的研究。首先便是通史，略知通史大体，再深入分着时期去研究一部断代史。对一部断代史有研究，再回头来接着重治通史，又继而再另研究一断代。如此循环不息地研究下去，才是可远可大，才能真明白历史上的时代之变，才能贯通上下古今，而获得历史之大全。

我们更当明白，在同一时代中，此一事件与彼一事件之彼此相通处，及其互相影响处。但此也不宜刻意深求。我们若能熟悉于某一时代之横剖面，自见在此时代中一切政治制度、社会形态、经济情状、学术大端、人物风尚性格等等，一一可以综合起来互相会通，如此才算真明白了此时代。切莫一一各自分开，只作为是一些孤立和偶起的事项来看。我们又当知各事项之相互影响，又有主从之别。如三国时代，政治变了，社会变了，学术也变了。我们当研究此种种变，主要究自何处发动开始，究竟是由何一项来影响了其他别一项。又如自清代咸同中兴以迄今天，一部中国现代史上，也曾有不少次的变动，每一变动也多曾引起人鼓舞想望，以为中国有希望了。但事实上，却是每下愈况，愈变愈坏。我们当问,这些变究自何处来?究竟是要变向何处去?为什么总是变不好?我们须从逐件事上会通起来看。此中实是大可研究。这是中国现代史上一大问题,要人具备大见识,才能对此问题有解答。但若不先精熟这一部现代史,试问何从妄生揣测,或空下断语来评判现代?即此一例,诸位可知史学之重要。治史要能总揽全局,又要能深入机微。初看好像说故事,到家却须大见解。

六

如此说来,事若甚难,但我们只须心知其意,仍不妨分途、分期、分题、分类,各就才性所近,各择方便所宜,乘兴量力,只莫以为自己便是史学正宗,只此一家,别无分出。大家各知自己的限度,如此钻研下去,也就够了。

中国人向来讲史学,常说要有史才、史识与史德。

一、史才:贵能分析,又贵能综合。须能将一件事解剖开来,从各方面去看。如汉末黄巾之乱,可以从政治的、社会的、经济的,以及学术思想、民间信仰种种角度去看,然后能析理造微,达到六通四解、犁然曲当的境界。另一方面要有综合的本领,由外面看来,像是绝不相同的两件事,或两件以上的事,要能将它合起来看,能窥见其大源,能看成其为一事之多面,这种才智即便是史才。

二、史识:须能见其全,能见其大,能见其远,能见其深,能见人所不见处。历史是一全体性的,并非真个有一件一件事孤立分离而存在。只是我们分来做一事一事看。如一块石的坚与白,并不能分,只是我们自己的看法与把捉法把它分了。若我们能如是来看历史,每件事便都能见其大。而且历史过程也并非一时期一时期的,真可分开割断的。其实历史只是通体浑然而下,无间断、无停止地在向前。我们若能如是来看历史,自然能见其远。又要能看出每一事之隐微处,不单从外面看,须能深入看。这样的见识即便是史识。

要之,果尚专业,务近利,则其人绝不足以治史。能崇公业,图远利,其人始得入于史。中国人自上古即发明史学者在此,西方人近代始有史学亦在此。

三、史德:有了史才和史识,又更须有史德。所谓德,也只是一种心智修养,即从上面所讲之才与识来。要能不抱偏见,不做武断,不凭主观,不求速达。这些心理修养便成了史德。

我们如能兼备上述三条件,自可研究历史有高深卓越的造就。反言之,我们从事研究历史,正可训练我们分析和综合的头脑,正可增长我们的心智修养,正可提高和加深我们的见识和智慧。

七

最后我须指出,研究历史也随着时代而不同。时代变了,治学的种种也会随而变。我们今天所需要的历史知识,与从前人所需要的可以有不同。我们需要获得适合于我们自己时代所要求的知识。古人对历史诚然有许多研究，但有些我们已用不着。我们需要的，古人未必用心到。我们须得自己有新研究，把研究所得来撰写新历史，来贡献于我们自己这个新社会。这是我们所需要的史学。当知历史诚然是一往不返，但同时历史也可以随时翻新。有了《史记》《汉书》和《后汉书》《三国志》等等断代史，到宋代司马温公，仍可以从头来写一部《资治通鉴》，这是重新撰写旧历史。我们今天又和司马温公当时的宋代远不同，我们又该来把旧历史重新撰写才是。

　　写历史有两种分别。一种是随时增新地写。例如中华民国开国后，我们就该添写一部中华民国史。这也不必定由一人写，尽可由许多人同时来写。又如在此期间，有许多大事，亦该分别写。如国民革命军北伐，如对日抗战，这些大事件，都可分头写。在一个时代，必须有了一本本的小历史，才可由后人来汇集成一部大历史。现在大家都束手不写，将来变成一笔糊涂账，试问叫后人再如何下笔。所以历史该随着时代而增写。譬如过去有十七史、二十四史，接着加上《清史》，就成二十五史。有三通，又有九通、十通，但不能说中国历史即止于此，以下便断了。诸位研究历史，最大责任，就在此增写新史上，如此才好让这部通史直通下去。

　　另一种是旧史新写。我们今天仍可再写一部新的春秋史，新的战国史，或是秦汉史，乃至其他各种的旧史翻新。时代变了，我们所要求的历史知识也和前人有不同，所以就该重来写新历史。这不是说旧历史可以推翻不要。所谓旧史翻新,第一条件自该根据旧史,不违背旧史原来之真实性。旧史翻新了,旧史依然存在。只可惜此项旧史翻新的工作,我们也没有人认真去做。我们前一辈的未尽责任,将这些任务都卸给我们。我们如再不尽责,这也是一时代悲剧,总该有人来负起此责任的。

总之,历史是可以随时翻新改写的,而且也需要随时翻新改写的。我们自己不能翻新改写,却埋怨旧历史不适用。那是把自己的不尽责来推到古人身上去埋怨他们,真是不该。试问孔子写《春秋》,司马迁写《史记》,岂是为着我们而写的?诸位若真研究一些历史,便不致随便埋怨历史。本人曾写了一部《国史大纲》,也是属于通史的,大家不妨参考一下。在我前后的人,已写了不少本中国通史,都不妨一看。只可惜现在研究历史的人少,连看历史的人也少,所以就不知道这一门学问的行情。假如同行多,自然识货人也多,就会有个比较,有真行情出现,此下便可有进步。目下由于写的人少,看的人也少,史学变成独家冷门货,无可选择,也无从评价。这须要有人多写,多比较,自然可望不断有更好的新货新花样出来。

今天我希望在座各位中有能发愿来写中国通史的,预定花二十年时间自可下笔。以历史时间论,二十年并不长。如一人要能对历史有贡献,二十年工夫实在是很短。而且写通史,也可有各种各样写法。譬如写一部为某一部分人看的,如为成年人看的,为中学生看的,为儿童看的,为研究历史的人看的，都可以。只要有人肯写，就绝不会嫌多。

怎样着手写呢？不妨先看近人写的，作初学入门。再正式看旧历史，看得多了，逐渐自己有了见解，再着手写。你也写一本，我也写一本，写的人多，公平意见也可从此产生，这就成了这一时代的历史定论。如今天西方人写历史，他们不可能随便做翻案文章，因为他们对历史意见多已有了定论。此一时代有此一时代之定论，要翻也翻不多。举其大者，如耶稣在西方历史上是有其确定的地位的。可奇怪的是中国历史，从现代人看来，似乎一切无可有定论。有人可以轻易否认孔子在中国历史上的地位。他可不烦花深工夫，也可不致受大责怪。又如西方人崇拜希腊，总是称赞希腊文化之伟大，这也已是一定论。但我们中国呢？春秋战国时代是好是坏，谁也可以随便说。这如民主政治大家都有投票权，所以有多数意见可凭。但我们此刻大家都放弃了这权利，只做一个旁观者，只凭少数人甚至是独家的判断，你说你的，我说我的，于是就不能有共见，有定论了。若果研究这门学问的人多了，其间便可看出一个行情，得出一个定论，这是国人之共见，当然不能由某一人或某几人把它轻易随便推翻。

我很希望，今天在座诸位中，有一位或三两位或更多位，能贡献出他一生精力来研究中国历史，来为中国新史学号召起一批自告奋勇的义勇军出现才行。今天我们确实是在需要有新的历史的时代中。但诸位在发愿写新历史以前，当先细心读旧历史，不能凭空创新。我希望在这八次空泛的讲演中，能得几位后起青年，激起他们志愿，使他们肯献出一生精力，来致力于中国历史的研究。这便是我这番讲演的莫大收获了。

第二讲　如何研究政治史

一

今天是第二讲：讲题"如何研究中国政治史"。

上次讲的是普通史，以下各讲为专门史。先对普通史求了解，然后再分类以求。从历史的各方面分析来看，然后再加以综合，则仍见此一历史之大全体。但较前所见的自更深细，更透彻了。

政治与政事不同。如秦始皇帝统一，汉高祖得天下，以及其他一切内政、外交、军事等，都该属于政事，归入通史范围。若讲政治，则重要在制度，属专门史。一个国家，必该有它立国的规模与其传世共守的制度。这些制度，相互间又必自成一系统，非一件件临时杂凑而来。

从前人学历史，必特别注重政治制度方面。亦可说中国历史价值，即在其能涵有传统的政治制度，并占有极重要的地位。若不明白到中国历代政治制度，可说就不能懂得中国史。中国专讲政治制度的书，有所谓"三通"，即唐代杜佑《通典》、南宋郑樵《通志》与元代马端临的《文献通考》。后人又承续此三通，再扩为九通至十通。二十四史、九通，乃中国史书中最大两分类两结集，为治史者知识上所必备。

为何讲制度的书，必称为"通"？这因中国正史照惯例是分代编纂的，即所谓断代史，如《汉书》《晋书》《隋书》《唐书》等。如将断代史连贯起来逐年合并叙述，则变为编年史，如司马光之《资治通鉴》，此通字寓有编年通贯之意。但历史上的事件可以编年通贯，也可断代划分。如秦代完了，接着有汉代，汉代结束，接着有魏晋南北朝。此等朝代更迭，即成为中国历史上之时代划分，此在第一讲已讲过。但中国历史上的政治制度，则自古迄今，却另有其一种内在的一贯性。在此一贯中，有因有革，其所变革处虽不少，但亦多因袭前代仍旧不改的。直到今天，亦仍还有历史上的传统制度保留着。这证明，中国历史上的政治制度，有许多有其巨大的魄力，可以维持久远而不弊。因此遂为后世所传袭，此即中国历史传统一种不可推翻的力量与价值之具体表现。因此中国人把此项专讲政治制度的书，也称为通史了。

我们研读中国史，普通是先读编年史，再分期专治断代史，然后再来研究制度方面的通史。其实在二十四史中，本也包含有专讲制度的一部分。在《史记》中称"书"，如《平准书》《封禅书》等。到《汉书》改称"志"，《汉书》共有"十志"，都属讲制度方面的。以后历代正史中多数有"志",或有"书",这些"志"与"书",因其讲的是制度方面,比较专门,普通读历史的往往忽略过,不仔细去讨究。不如《资治通鉴》这一类专讲人事方面的历史,大家能读。其实我们要学历史,政治制度方面这一项,亦非通不可。清代阮元曾说过,一个人不读二通,即不得谓之通人与通学。彼所谓二通者,一指《通鉴》,即编年通史。另一部指《文献通考》,即指讲政治制度方面的专门史。这亦是说,要学历史,不可不通制度之意。

二

我们讲到中国历史上的政治制度,大体可划分为两段落。前一段落为秦以前的封建政治,后一段落为秦以后之郡县政治。封建政治结束,即为中国古代史之结束。此一分法,显然又与西方历史不同。在西方历史上,并无此两种政治制度之分别与存在。而中国的政治制度则显见有此大划分。这亦证明了我上讲所说,每一国家民族的历史,必有其特殊性,必有其与其他国家民族的历史不同之处之一说法了。中国历史自有其与其他国家民族不同之特殊性,而最显见者却在政治上。亦可说中国民族性擅长政治,故能以政治活动为其胜场。能创建优良的政治制度来完成其大一统之局面,且能维持此大一统之局面历数千年之久而不败。直到今天,我们得拥有这样一个广土众民的大国家,举世莫匹,这是中国历史之结晶品,是中国历史之无上成绩。因此研究中国史，该特别注意其政治制度之一面。中国历史，两千年前是封建政治，后两千年是郡县政治。从前的中国人，人人俱知，但到现在的中国人，对此分别，却有些不明白了。近人好说封建社会，其实今天所谓封建社会，乃是西方历史上的产物，只因中国人拿自己固有的"封建"二字，来翻译西方历史，遂有此一名词，以至中西双方混淆不明，这实在是不妥的。

中国在西周初年，周公创出了一套封建制度。其实这一套制度，本是连接着周公以前夏、商两代的历史传统而来。只是经周公一番创作，而更臻于完美。此一套制度，其实即是把全国政制纳归于统一的制度。自天子分封诸侯，再由诸侯各自分封其国内之卿大夫，而共戴一天子，这已是自上而下一个大一统的局面。我们该称此时期为封建之统一。在西洋历史上的封建社会，则是在下面，不属上层的。罗马帝国崩溃了，各地乱哄哄，没有一个统一政权。社会无所依存，于是一般人相率投靠小贵族，小贵族们又各自投靠依附于大贵族。他们在政治要求上，亦同样希望有一统一政权，但却无法实现。譬如筑宝塔，由平地筑起，却没有结顶。在他们那时期有所谓神圣罗马帝国一名称，则只是一理想，一空中楼阁，在人心想象中的一个影子组织而已。因此中西历史上之所谓封建，原是截然不同之两物。可惜我们今天没有人来详细写一部周代封建制度的书。事实上在今天来写此书却不易，因关于此方面的材料，大都不在历史书中，而分散在古代的经书中。今天我们大学开科设系，有史学，无经学。经学更少人研究，因此此项历史上重大的专门题目，竟难觅位胜任愉快的人来撰写。

周室东迁，封建制度濒临崩溃，乃有五霸乘时而起。据《春秋左传》中记载，当时各地诸侯，为数不下两百。在当时，国与国间种种交涉来往，仍多少遵守着周公所定封建制度下的一切礼文来维系。此种礼文，在当时乃为霸业所凭。若无此种种礼，霸业亦无法出现。此种种礼，若用近代新名词说之，实即是一种国际公法。我们可以说，中国之有国际公法，系在距今两千五六百年前。在清末，曾有人依照西方所谓国际公法，来和春秋时代诸侯各国间种种交际来往的礼文做比较，写一书，名《春秋时代的国际公法》。当时著过与此相类之书的，也不止一人。可惜此等书今俱亡佚难觅。客岁本人赴美讲学，途经旧金山，晤华侨某君，彼正亦有意欲写此书，闻已积有成稿，惜未能一读其内容。窃以为此等比较研究，实非穿凿附会。在中国，实自有那时一套国际间共同遵守之礼法，以之与近代西方的国际公法乃至联合国宪章等相互对比，虽古今时代不同，然双方不妨各有短长优劣。好在《左传》全书俱在，人人可以把来做参证。

我们通常说中国自秦汉以下是统一之开始，其实此说亦宜修正。西周以下，中国早已具有统一规模了。只是那时是封建政治下的统一，而秦汉以后乃是郡县政治下的统一。虽其间有些不同，但不能谓西周封建非统一。至秦汉以来的郡县政治，到今天民国时代还存在，中国之永为一统一国，此项政治制度实贡献过其甚大之绩效。

三

讲到此，有一问题须提出。即秦汉以下的中国，早非封建，而改行郡县制度了。但秦汉以下人，仍崇拜周公、孔子为古代最崇高之圣人。其实，孔子乃系一位仍想恢复周公所订之封建制度的人物，何以秦代大一统以后，封建制度彻底消灭，而周公、孔子仍受当时人崇拜？此问题之解答，首当注意到中国历史文化之传统性，政治制度则只是其中之一例。秦以后之政制，有许多精义，仍沿袭周制而来，直至近代皆然。但最近的我们，接受西方学说影响，遂若西周封建制度一无是处。而秦以下之政府，则只以"君主专制"四字目之。这因依照西方人说法，谓凡国体，可分为民主与君主。凡政体，可分为专制与立宪。于是谓世间政体不外三型：一、君主专制；二、君主立宪；三、民主立宪。但中国传统政制，自秦以后有君主，无宪法，而又非专制。此项政体，实无法将之硬归纳入西方人所定的范畴格式之内。若我们不能确切抉发出中国历史之特殊性，而处处只照西方人意见，把中国史硬装进去，则中国历史势成一无是处。无怪近代的中国人，对自己历史传统如此轻视漠不关心，而又有人竟抱深恶痛疾的态度来对待国史呀。

讲至此，忆起三十多年前，本人在北京大学历史学系开讲中国政治制度史一选修课，当时史学系学生多不愿修习此课。彼辈认为此刻已是民主时代，开这门课，对时代讲来没有意义。后来还是北大法学院同学，受了该院院长及政治系主任的忠告，劝他们说，你们学的都是西方的政治制度，不妨也知道一些中国以往的，来做比较。因此他们倒有许多人来选修此课。开讲既久，文学院历史系学生也多来旁听，挤满了一讲堂。这是三十多年前的事，到今天研究历史的，已颇多知道中国历史上传统政治制度之重要，在此方面出版的著作与论文也日见增加，与我当时在北大开课时情形，显然有甚大的不同了。

四

此刻要来讲中国历史上政治制度之传统与沿革，兹事体大，殊非一小时之讲演所能叙述。不得已，我想约略扼要举出几点来做例。最重要的，是秦以下的宰相制度，此乃中国政府组织中极特殊的，在西方历史上很少有同样的制度堪与相比。我们可以说，中国自秦以下，依法制言，是王权相权骈立并峙的。王室与政府有分别，自秦以下，早有此观念，而且此观念极为清晰。王室世袭，表示国运之绵延。宰相更迭，则为政事之时新。在制度上，并未能像现代英国般，把来很严格地划开。中国人并不认为一国之元首君主只许挂一空名，绝不许预问政治。因此君权与相权间，一面有许多融通，另一面亦可有许多纠葛。即如诸葛武侯《出师表》，其中有云："宫中府中，俱为一体。"宫即指皇宫言，府即指政府言。可见在中国传统制度及传统观念下，此宫、府两机构是有分别的，而又可调和融通的。像法国路易十四所谓

"朕即国家"之说,在中国传统意见下,绝难认许。中国自秦迄清,大体说来,政府均设有宰相。最低限度说,在明以前是显然有宰相的。明代废宰相,但仍有内廷与外朝之分别。其间细节虽多变动,但大体制则沿袭不改。宰相以下,政府百官,在中国历史上称为"职官",或称官职。西方论政重权,中国论政重职。一官即有一职,职官即是政府组织中之职位分配。我们此刻称"君权""相权"云云,实由西方观念来。实际中国政府仅有职位之分,无权力之争。中国人称权,乃是权度、权量、权衡之意,此乃各官职在自己心上斟酌,非属外力之争。故中国传统观念,只说君职相职。凡职皆当各有权衡。设官所以分职,职有分,则权自别。非在职位之外别有权。中国史有职官制,君亦一职,仅在百官之上,非在百官之外。又乌得有西方人之所谓君权专制。在中国,权在职之内,非有权始有职。此层分辨极重要,惜乎我在此刻不能畅为发挥。

近代只有孙中山先生,他懂得把中国传统政制来和西方现代政治参酌配合。他主张把中国政治上原有之考试、监察两制度,增入西方之行政、立法、司法三权,而糅合为五权宪法之理想。我们且不论此项理想是否尽善尽美,然孙先生实具有超旷之识见,融会中西,斟酌中西彼我之长,来适合国情,创制立法。在孙先生同时,乃至目前,一般人只知有西方,而抹杀了中国自己。总认为只要抄袭西方一套政制,便可尽治国平天下之大任。把中国自己固有的优良传统制度全抛弃了。两两相比,自见中山先生慧眼卓识,其见解已可绵历百代，跨越辈流，不愧为这一时代之伟大人物了。

中国传统政制，除宰相制度外，值得提及者又有考试制度。在中国政治史上，唐代始有考试制度，汉代则为察举制度，均由官办。唐杜佑《通典》第一章论食货，即指经济制度言。次章论选举，但实际则由汉代察举下逮唐代之科举考试。可见考试由察举来。察举之目的在甄拔贤才，俾能出任政府官职，处理政事。但察举非由民选，后因有流弊，唐以后始改行考试。杜佑《通典》之所以仍用选举旧名，则因选举制度原为考试制度之滥觞。制度虽变，用意则一。中国自秦以下之统一政府，又可说为是一士人政府，亦可谓是一贤人政府。因政府用意，总在公开察举考试，选拔贤才进入仕途。

自东西交通，英国东印度公司首先采用我国考试制度任用职员。其后此制度遂影响及于英国政府，亦采用考试，成为彼国之文官制度。其制实系模仿我国而来。后来又影响到美国。但他们实只学了中国考试制度之一半，而仍保留着他们自己传统的政党选举制度。凡属政府上层主要职位，如总统、内阁、首相、国务院及各部首领，皆由政党中人出任，只下面官吏则酌采考试选拔。过去数十年来，中国的海关邮政和铁路等各机关，因有外国力量羼入，亦均从考试量材录用，比较上轨道。此项制度，好像学自英国，其实则是吾家旧物。而在政府用人方面，却转把旧传统中的考试制度遗忘蔑弃了。只有中山先生主张仍用考试制度，设立考试院为五院之一。但此后并未能遵照中国旧传统切实推行，实已名存而实亡。此一制度，可说是我们中国的民主政治。惟王室君主是世袭的，宰相以下政府各级官吏，均须公开察选以及考试，循序登进。此项制度，显然可成为现代潮流世界性制度的一部分。但中国人则自加忽视，今天虽有考试院之存在，而反不为我们自己所看重，这实在是大可惋惜的。

五

在中国传统政制中，上述宰相制与考试制属于政府方面。现在再略举几项制度之有关其他方面者。首先述及有关社会问题的，如户口调查。在我幼年时，曾听大家众口交誉西方人有此好制度，而中国则无。其实中国自周代以下，直到清代初期，都有户口调查一项。中国古书常连用"版图"两字，版字即指户籍，即从户口调查而来。在我国历史上历代户口均有记录，其调查户口登记户籍之手续与方法，若有人肯根据史籍作为专题写一论文，虽不能系统详尽，但至少可写成十万字以上的专书。此书至少可使人知道现代世界性的户口调查，在中国历史上已有两千几百年之演变。

又如在中山先生的《民生主义》中，主张耕者有其田。此一口号，亦自中国传统政制来。今天，《自由中国》推行土地改革有效，赖此使国民政府获得国际声誉。其实此一制度，亦是中国旧传统政制中所有。中国向来土地制度之因革演变，虽历代各有不同，而大体可谓是朝此一目标而努力。此亦是中国旧政制在现世界潮流中，仍值得重视之一项。

其次说到军事制度。在五十年前，我常听人说西方国家的军事制度好，尤其是他们能推行全国皆兵制，而中国独否。但西方推行全国皆兵，实自普鲁士开始，为时不到两百年。而在中国则古已有之。汉代早是全国皆兵，此下历代兵制虽递有改变，但如唐代的府兵制度，明代的卫所制度，皆由兵农合一制演变而来，并可说较全民皆兵制更进步。直到今天，西方的全民皆兵制，何尝不是日就废替了。可见中国历史上的兵役制度，直到今天，亦仍有现代性世界性之意义，而值得再加研究。

又有人说，中国从前的军阀和督军为国大害，而盛赞西方政制限定军人不干政之精美。其实此种文武分职、军人不干政的制度，在中国又是古已有之，亦属中国旧制中一项优良的传统。汉唐盛时莫不如此。军人统兵归来，仅有爵位勋级，地位尽高，待遇尽厚，但在政府中并无实职，不能预闻操纵政事，正与近代西方政制如出一辙。

此下再讲到有关经济制度方面，如汉武时代所创始的盐铁政策，即就近代观念言，亦系一种颇为进步的经济政策。西方所谓国家社会主义的各项经济制度，实肇始自德国俾斯麦。但中国在汉代远已有之，由政府来统制盐铁官卖。直到清代，中国社会从未能有垄断性的大资本家出现，即是此项政制之绩效。中山先生提倡民生主义，有节制资本一口号，其实亦在中国传统政制中有渊源。中国社会，自战国以下，自由工商业即甚趋繁荣，但永不能产出资本主义，即由此故。故在中国历史上此项有关节制资本的一切制度，在现代世界潮流中，实仍有值得注意探讨研究的价值。

又如汉代的平准制度，此乃一种调整物价的措施。此制度在中国历史上不断变通运用。即如粮价一项，遇丰年时，政府以高价收购过剩粮食，以免谷贱伤农。待到荒年季节，政府便以低价大量抛售积谷，寓有赈济贫民之意。此项制度，随后由社会上用自治方式推行，即所谓社仓制度。据说美国罗斯福执政时，国内发生了经济恐慌，闻知中国历史上此一套调节物价的方法，有人介绍此说，却说是王荆公的新法。其实在中国本是一项传统性的法制。抗战时期，美国副总统华莱士来华访问，在兰州甫下飞机，即向国府派去的欢迎大员提起王安石来，深表钦佩之忱。而那些大员却瞠目不知所对。因为在我们近代中国人心目中，只知有华盛顿、林肯。认为中国一切都落后，在现代世界潮流下，一切历史人物传统政制，都不值得再谈了。于是话不投机，只支吾以对。

再次讲到中国从前的地方自治和藩属统治制度，直到现代，也是值得再提及。西方此一二百年来，帝国主义大行其道，英、法等国都拥有大量海外殖民地，他们乃自罗马传统而来。但在中国，自秦以下，版图虽大，统一政府所辖范围虽广，其政制则是郡县的，不得以西方传统的帝国相比拟。但今天的中国人，事事喜欢模仿西方，因此随口常称"汉帝国""唐帝国"云云。难道汉唐时代的中国人，除却其中央政府所在地以外，各郡县便均以殖民地视之，均以帝国征服方式来统治的吗？试看汉代选举，唐代考试，对全国各地人才，一律平等看待，各地均有人士平均参加政府。一应赋税法律等，亦是全国平等。此等规模，岂能与现代西方帝国之殖民地统治相提并论？即就清代之藩属统治言，亦尚有中国传统美意存在，实在还值得今天我们来再行研讨呀！

又如中国社会上之宗教信仰，向来是十分自由的。而政府则有一套制度，对此民众信仰，有颇为开明的管制与调节。因此在中国历史上，政教分离，又是自古已然，并亦极少有因民间信仰冲突而酿成宗教战争的。直到今天，还未有人能仔细来加以研究。我想在中国历史传统中，宗教与政府与社会三方面如何配合，于自由开放之中，有其节制调整之用心的种种制度，在今日依然值得注意。

以上只就中国传统政制，分从各方面随便举出几项，用来说明在此刻来研究中国以往传统政制，实未见与现代世界潮流有十分隔膜之感。我曾说过，中国传统政制，乃是贯通于中国全部历史进程中，而占有极重要分量之地位者。如此说来，可见研究中国史，自未见即与现代世界潮流有渺不相涉的距离存在了。

六

近代的中国人，只因我们一时科学落后，遂误认为中国以往历史上一切文物制度全都落后了。此实是一种可笑的推断。最低限度讲来，中国人所一向重视不断讲究的修齐治平之道，较之并世各民族，断不能说是落后。此一分辨，近代惟孙中山先生最先提出。而且据孙先生意见，中国人所讲治平之道，实在比之并世诸民族远为先进。惟孙先生亦只是粗枝大叶地有此看法而已。若要来仔细发挥阐述，自然应该是有志研究史学者的责任。

今天我们要研究中国制度史，必须注意两点：

一、研究制度，不该专从制度本身看，而该会通着与此制度相关之一切史实来研究。这有两点原因，一因制度必针对当时实际政治而设立而运用。单研究制度本身而不贯通之于当时之史事，便看不出该项制度在当时之实际影响。一因每一制度自其开始到其终了，在其过程中也不断有变动，有修改。历史上记载制度，往往只举此一制度之标准的一段落来做主，其实每一制度永远在变动中，不配合当时的史事，便易于将每一制度之变动性忽略了，而误认为每一制度常是凝滞僵化，一成不变地存在。

二、研究制度，必须明白在此制度之背后实有一套思想与一套理论之存在。在西方历史上，所谓政治思想家，他们未必亲身参与实际政治，往往只凭著书立说来发挥其对于政治上之理想与抱负。如古代希腊之柏拉图，如近代欧洲之卢梭、孟德斯鸠等人皆是。但中国自秦以下即为一种士人政府，许多学者极少著书纯讲政治理论。这并非中国人没有政治理想，乃因他们早多亲身参与了实际政治，他们所抱负的多少可在实际政治上舒展。当知中国历代所制定所实行的一切制度，其背后都隐伏着一套思想理论之存在。既已见之行事，即不再托之空言。中国自秦以下历代伟大学人，多半是亲身登上了政治舞台，表现为一个实践的政治家。因此其思想与理论，多已见诸其当时的实际行动实际措施中，自不必把他们的理论来另自写作一书。因此在中国学术思想史上，乃似没有专门性的有关政治思想的著作，乃似没有专门的政论家。但我们的一部政治制度史，却是极好的一部政治思想史的具体材料，此事值得我们注意。

七

我根据上述，敢于说，中国人自古代历史开始，实已表现有一种极大的民族性的天赋能力，即是政治的能力。就空间讲，能完成而统治此广大的国土。以时间言，能绵延此一大一统规模达于几千年之久而不坠。此何以故？一言蔽之，因其能有一种良好的政治故。何以能有此良好政治？则因中国民族天赋有此能创立优良政治制度之能力故。故我说创制立法，是中国人天赋上一种优异表现。试举一简单易明之例，如中国的赋税制度，全国各地租税全是一律。而且能轻徭薄赋，主张藏富于民。只要此制度一订立，便易获得全国人民心悦诚服。社会便可借此安定几百年。纵有变坏，经一番乱事之后，此项制度又复活了。此事似极寻常，不值得我们来夸大宣扬。但以此和西方历史比观，他们的赋税正为没有制度，遂致引起革命，产生近代的民主政治，一切预算决算都要由民选议会来通过。现在我们偏爱说中国人无法制，无定宪，永远在帝王专制下过活，那岂非冤枉了中国历史。

这因我们自己不了解自己以往的历史，遂误认为自己以往一切完全要不得，于是只想抄袭别人。即就家庭作比，各国家庭，各有贫富职业种种不同，哪有能全部抄袭别人家的一套规模，来应用于自己家庭，而可以获得理想安乐的？何况是一个国家和民族，而立国规模却要完全向外国去学习模仿，那实在是近代中国一悲剧。

近代的中国人，每每夸耀西方，如电灯，如无线电，如原子弹和火箭等，莫不是别人家在发明。一切近代科学确是如此。但我要试问，如中国历史上一切传统政制，如上述宰相制度、选举制度、考试制度和赋税制度等，这不是一种发明吗？这究是谁在发明的呢？我们历史上的古人，他们究向何处抄袭这一套，而把来传入中国的呢？我之钦佩孙中山先生，正因他不但能采人之长，补己之短，同时亦能不将自己的优良历史文化传统一笔抹杀。他的伟大处，在能确见中国人在政治方面之高明处，实早已凌驾在西方之上。孙先生此说绝非无据。孙先生固不是一位史学家，但他对中国传统政治之优点，已能洞若观火。在这一点上，他确是近代一位先知先觉者。

国家之存在，民族之绵延，历史之持续，自当有随时革新改进之处。但从没有半身腰斩，把以往一刀切断，而可获得新生的。我们要重新创建新历史、新文化，也绝不能遽尔推翻一切原有的旧历史、旧传统，只盲目全部学习他人，便可重新创造自己。这并不是说西方民主制度有什么不好，但西方有西方的传统来历。即如英国和美国，他们的民主制度即已各有不同。中国有中国自己的国家、民族与历史传统，几千年来的国情民风，有些处迥异于他邦。若中国人不能自己创制立法，中国今后将永远无望。我们若只知向外抄袭，不论是民主抑或是极权，终究是一种行不通的一面倒主义！

我们今天来研究中国政治制度，一面固当比较参考西方的，固当要能追上世界潮流，但亦不可数典忘祖，我们实无此能力来把自己腰斩了而还能生存。我们若从头再来研究中国传统政治，第一步不妨先加以分门别类。如政府组织、地方自治等项目，一一弄清楚了，然后再汇在一起。须能看其乃是一整体。又须能配合现实，坐而言，能起而行。当知政治理论并不是纸上谈兵。在中国古人中任意举出一两位，如董仲舒、司马光，他们都绝不单是一书生。他们之作为中国的政治家，都是有抱负而又能见诸实施的。又如唐初名相房玄龄、杜如晦等，他们创立出一套制度来，垂之几百年，即朝代换了，亦并不能完全盖过他们，超越他们。这是中国政治家之伟大处。我们今天如能有人来写一本中国传统政治制度史，或中国历史上的大政治家这一类书，必可对此下国人发生大影响。这是我所要讲的如何研究中国政治史的大概。

第三讲　如何研究社会史

一

今天是讲"如何研究中国社会史"。

大凡一个国家或民族，能维持一长时期的历史，到数百年或千年以上，并能有继续不断的发展与进步，即此可证此国家与民族，必有其一番潜在深厚的力量存在；必有其获得此项成绩之主要原因，为其历史发展与进步之所以然。我们最要者，当上察其政治，下究其社会，以寻求此潜力所在。关于政治方面，我已在上次讲过，此讲继论社会。中国社会坚韧性最大，持续力最强，故能延续迄今有四千年以上之悠久传统。而且又是推拓力最大、融化力最强。故即就目前世界论，中国社会依然最广大，能伸展到世界每一角落去。

社会一词，亦是外来的新名词，中国古人称社会为"乡"。乡的观念，在中国一向极受重视。所谓观于乡而知王道之易，就十足透露中国古人对于社会重要性之认识。但西方人注意社会问题，则系近代的新观点。尤其是马克思，主张把社会形态来划分历史进程。他把西方社会分别为三形态：一曰奴隶社会，二曰封建社会，三曰资本主义社会。马克思把此三种社会形态来配合于西方历史上古、中古、近代之三分期。他说，上古希腊、罗马时代是奴隶社会，中古时期是封建社会，近代则是资本主义的社会。他并推断此后则必然为共产社会无疑。马氏的唯物史观及其共产主义之理论及预言，固为一般西方人所怀疑，且多持异议者。然西方史家终亦无法否认马氏所指出的社会三形态。因马氏所言之三形态，乃根据西方历史之已成事实归纳来说，并非向壁虚构。

但就我们东方人看法，则马克思之历史知识实仅限在西方，彼所分别之社会三形态，是否可运用之于中国社会，则确系一大疑问。本人在首讲中，已指出任何一国与一民族之历史，必然会有其特殊性。我们绝不认为世界人类历史，乃遵循同一轨道演进，而相互间可以更无异致者。不幸的是，我们现代的中国人，在辛亥革命前后，大家说中国自秦以下两千年只是一个专制政治。自五四运动前后，大家又说，中国自秦以下两千年只是一个封建社会。此种说法，只是把中国历史硬装进西方观念中，牵强附会，实际毫无历史根据可言。我在此讲中，拟扼要指出两点历史事实，来证明中国社会绝不能和西方中古时期之封建社会相提并论，以摧破近代中国人此番无据之谰言。

我在上次已说过，西方封建社会乃起于北方蛮族入侵，罗马帝国崩溃之后。此时不仅在上无一个统一政府，连地方政府亦无法存在。社会上各自投靠依附于较大势力者以求自保。如是自下而上，逐层筑起了一种封建的架构。我们通常说，西方封建社会中，有贵族与平民两阶级。自经济观点言，贵族即是大地主，平民则是地主属下所统辖的农奴。但在中国历史上，自秦迄清，在上始终有一统一政府。统一政府之下，并有郡县地方政府。是否可说那时社会上的知识分子即等于西方封建社会中之那辈大地主？中国社会的知识分子固亦有拥田产收田租者，可是在他们田产上从事耕种的民户，是否亦相等于西方封建社会下农奴的身分？首先中国社会的知识分子，并非即是封建贵族。其次绝大多数农民，都系属于统一政府下之自由公民，则如何可说中国社会即相等于西方中古时期的封建社会呢？

西方封建社会之地主阶级，是世袭的贵族。但中国历史上之土地兼并，则系民间一种自由买卖。一辈士人经选举或考试，获得政府职位，借其俸禄所入而购置些少田产，自属在所不免。但此等地产，并无明定世袭之权利。往往传经一两代之后，又转为他人所有。而且中国历史上之知识分子及士大夫阶层与其耕户，同样都受政府法令统制。在经济上言，贫富自有差异。在法律上言，则无显著之身分分别。国家对于裁抑兼并及平均地权，屡有新法令之规定与措施。如何说中国秦代以下的社会，便与西方封建社会相同？

再就另一点言，我们都知西方封建社会之崩溃，系由自由工商人即中产阶级在城市中兴起，因而自由资本主义社会替代了封建社会而兴起。但中国历史上之城市，颇多绵延有两千五百年以上的长时期。即如广东省番禺一城，秦始皇设三十六郡时，番禺即为南海郡之首府，距今在两千年前。又如江苏省之苏州，即吴县，此城在春秋时为吴国首都，直传至今，已有两千五百年以上之历史。此外如春秋鲁国都城曲阜，至今殆已有三千年之历史存在。诸位读西洋史，当知城市不在封建社会系统之内。近代西方城市兴起，在西方史家有许多专书叙述。但中国历史上之城市，则同时为政治与工商业之中心。而在春秋时代，城市工商人已有其一份在政府法令保护下之自由。例如春秋鲁昭公十六年，晋卿韩宣子欲向郑国取回一对玉环之一，但郑子产告以此环乃在贾人之手，政府无权向之索取。韩宣子又欲直接买诸商人，子产又告以郑国政府无权过问而作罢。举此一例，自由工商业在春秋时已存在，战国以下更不论。上面有统一的政府，下面有自由工商业，试问在此情况之下，是否会有如西方中古时期封建社会产生之可能呢？

惟其中国历史是一贯绵延从未中断的，因此中国城市能有两千年以上之历史绵延者，为数甚多。远在春秋时，城邑可考者当达两百左右，其间则有迄今超越三千年以上之长时期存在者。自秦汉推行郡县制，每县必有一城为其治所。汉元帝时，有县邑一千三百余，此一千三百余城邑，其沿革都可考，至今绝大多数依然在原地址存在，或略有迁移。其城郭建置，自已经过不少次之改修与新建。要之，这些城市，不仅作为一政治中心，同时亦是一工商业中心。环绕着它的四乡，即凭此作为一物资集散之枢纽。此和西方中古时期之城市，独立于当时封建系统以外者大不同。

论到中国城市之商业情况，在战国时，齐国首都临淄，已有居民七万户。论其口数，应在三十万以上，或可达五十万。如唐末黄巢之乱，广州一城死于战乱之番胡，为数有十万之巨。又如宋代金乌珠（兀术——编者注）南侵，苏州一城死者达五十万。至如扬州城，自唐迄清，始终为一大商业中心，所谓"腰缠十万贯，骑鹤上扬州"，可想象其市场繁荣之一斑。至如历代首都所在地，如西汉之长安、东汉之洛阳，南北朝时代南方之金陵、北方之洛阳。唐代之长安、洛阳。宋代之汴京、临安。辽、金、元、明、清历千年上下之燕京，其居民之繁伙，商业之旺盛，皆有史册可稽。如谓此等城市，乃是散布在封建社会中，而能相互融为一体，试问可有此说法否？在中国历史上，中国社会和西方封建社会比较最多相似处，似当在蒙古统治下之元代。但我们若一读马可·波罗之东方游记，便可感到即在元代，东西双方社会情形之仍不相似处。无怪西方人读马氏书，要认他为信口开河，像神话一样地不真实了。

二

上面只说了中国传统社会绝不如西方中古时期之封建社会，来破近人之谰言。但中国社会究是何等样的社会呢？有人说，若非封建社会，则定是奴隶社会或资本主义社会了。我们当知中西历史并不定限在同一轨道上前进，中国历史有中国历史之特殊性，中国社会亦自有其特殊性所在。西方人做学问，喜创新名词，但西人所创名词，未必即适用于中国。我们若问中国社会究是何等的社会，我们只能自铸新词，再做解释。若一味抄袭，把中国社会说成为"亚细亚式的封建社会"，或"前期的资本主义社会"等等。如此牵强比附，终无是处。我认为中国社会之最特殊处，便是在中国社会中同时有士、农、工、商之四民。若我们必为中国社会定一名称，则不如称之曰"四民社会"，较为合宜。在此四民中，士之一民最为特色。其他社会中，很难找出和它同样的流品。春秋时，中国社会尚显分贵族平民两阶级，但在此时，士之一流品已渐兴起。士、农、工、商四字连用，始见于战国时代人书中。自秦以后，中国古代之封建贵族已全崩溃，于是四民社会遂正式成立。我认为直到今天，四民社会一名词还可适用。

但历史常在变动中。秦以后两千年来，中国社会不能没有变。我试就此两千年来之中国社会再为划分，其最重要的划分标准，则乃侧重在社会中士的地位之变动上。就中国历史大传统言，政治与社会常是融和为一的。上下之间，并无大隔阂。其主要关联，则正在士之一流品。士是社会的主要中心，亦是政府之组成分子。中国向称耕读传家。农村子弟，勤习经书。再经选举或考试，便能踏进政府，参与国事。故士之一流品，乃是结合政治社会使之成为上下一体之核心。我将试照中国历史上关于此一方面之变动情况，来为中国社会再细加划分，约略可有下列之数时期：

一、游士时期：此为春秋末贵族阶级崩溃，士人新兴之一转型期。先秦诸子百家，自孔子儒家始，此下像墨子、孟子、庄子、荀子、老子，乃至战国策士如乐毅、鲁仲连以及公孙衍、张仪等，他们各怀一套理想，或抱一片野心。有的凭其人格感召，有的鼓其如簧之舌，周游各国。朝秦暮楚，所谓"孔席不暇暖，墨突不得黔"。不遑宁处，以期行道得志于天下，因此而有百家之争鸣。上面结束了春秋时期的封建贵族社会，下面开起秦汉以下之士族新社会。我们可姑名此时期为"游士社会"。

二、郎吏时期：此一段时期指两汉言。我初定此名，心甚不惬。因称郎吏社会，不易使普通人了解，此非稍熟汉代制度不可。因此又拟改称为"察举社会"。此一时期之士人，都须经过察举才得从政，抑或可称为"太学生社会"。因当时的察举，多须先经太学生阶段。总之，此一时期，上面的政府已变成士人政府，而士人参加政府之路径，首先是为郎为吏。士人得为郎吏之资格，则因经地方察举获入太学。故我拟为此一时期之社会定此名称。逮士人在政府方面正式奠定其仕途，于是其在社会上之地位与身分亦逐次提高增长，于是在此时期之后半段，渐有士族兴起。我们亦可称之为"士族兴起的时期"，或径称"士族社会"。

我们亦可说，封建贵族崩溃在春秋之末，而士族兴起则在东汉之初。而自战国至西汉，全为此两个社会之转型期。

三、九品中正时期：此在魏晋南北朝时。此时期也可称为"门第社会"。乃承接两汉士族兴起，而达于士族全盛之时期，亦可称为"士族确立时期"。但我们不能即认士族或门第为封建，因当时仍有一个统一政府临制在上，而下面复有自由工商业资产阶级之存在。此项士族与门第，则因其为沟通政府与社会之一桥梁而特占地位，却与西方中古时期之封建贵族仍不相同。

四、科举时期：唐代科举制度产生，而门第社会逐次崩溃，又为社会一转型期。下及宋代，魏晋以来相传之大门第，几乎全部消失。此下便成为近代中国的社会，即"白衣举子"之社会。此种移转，本极重要，但因其只是渐变，非突变，故不易为人觉察。近人梁任公曾说："中国历史上没有革命，只有造反。"此语亦对。若要在中国历史上寻找像西洋史上的激烈革命，实殊不易。中国社会只在融洽的气氛下逐步向前推移，并不能在仓促间用暴力推翻这个，再在霎时间陡然来兴起那个。如先秦时期的封建贵族崩溃，唐代之士族门第崩溃，皆是社会内部之大变。但此等变化，皆在和平中展演，非关革命，故使人不觉。我们亦可称唐代科举为"门第过渡时期"。

五、进士时期：科举进士，唐代已有。但绝大多数由白衣上进，则自宋代始。我们虽可一并称呼自唐以下之中国社会为"科举社会"，但划分宋以下特称之为"白衣举子之社会"，即"进士社会"，则更为贴切。我们亦可称唐代社会为"前期科举社会"，宋以后为"后期科举社会"。当然到了明、清时代，科举制度又已略有差别，略有变化，但我们却可不必再为细分了。

我们亦可称西汉时代，为战国诸子百家中孔孟儒家独出得意的第一时代。此下东汉时期，印度佛教东来，中国道教继起，几乎由宗教势力来代替了传统的士势力。宋代则为孔孟儒家独出得意的第二时代，传统的士势力几乎又渐代替了宗教势力。所以中国秦以下之士传统，尤以汉宋两代为代表。清代之有汉学宋学之分者，其要由此。

马克思对社会演进的看法，主要以生产工具影响经济发展之观点为出发，推论至极，遂成为一种唯物史观。我讲中国历史，则将社会中"士"的一阶层之地位变化，来指出中国社会演进之各形态。此乃就事论事，根据中国历史社会实况，而分别为以上各时期。却非先立下了一种哲学的历史观，来勉强做此支配。我之此说，亦仅在提供治史者做参考。如诸位能在此外有更好的分法，自可继续提出，再做研讨。总之，历史事实俱在，无论何种看法与想法，须求不背历史真实，则是一大原则。

兹再据鄙意简括说之。士为中国四民社会中一领导阶层，农则为中国四民社会中之基本阶层。其他工商两业，留待下次细讲。要之，我们该根据历史实事求是，做客观之分析。西方人自据西方历史来做研究对象，其所得结论，未必可以全部搬到东方社会来应用。又且我们中国社会绵延四五千年，一贯禅递而来。故家遗泽，积厚流光。其所以能有如此之内蕴，必有值得我们做缜密精详推求之必要，则断无可疑。

三

现在再略述研究中国社会史之有关书籍材料的问题。普通意见，认为中国史籍一向只专重在上层政治史方面，关于下层社会史方面之资料甚感缺乏。实亦不然。从中国文化传统观点言，中国一向注重下层社会，更过于其注重上层政治，哪有对此方面之史料反付缺如之理。主要是中国史籍之记载方法，自有一套体例。若我们不先明白其体例，便不知何项材料应向何种书中或书中之哪一方面去找寻。即就正史论，其中所包有关社会史之材料已甚丰富，只我们未经细读，不知别择，遂误认为中国正史中对社会下层史料不加注意。此事牵引太远，在此且不深论。此下当特别提出某几种特别材料，为研究中国社会所宜注意者。如我们有意研究唐以前的中国社会史，则有两种中国古学必须注意。一是氏姓之学，一是谱牒之学。此两种学问，其实仍是相通，可合作一种看。关于秦汉以前氏姓之学谱牒之学之有关中国史之研讨处，此亦略去不论。仅自汉代起，在当时社会，开始有士族兴起，又转成为大门第。整个社会便把氏姓谱牒来分别士庶，至今流传社会之百家姓一小书，则成于宋初。诸位莫谓百家姓只是一册通俗小书，在此通俗小书中，正可指示研究中国社会史一项特该注意的要目。古代有关氏姓谱牒各项材料，在百家姓此一小书之前的，现在都不完备存在，有待我们去稽钩考索。但在百家姓以后，中国社会家谱盛行，此项材料，到处可得。但从最近此一百年到五十年来，各姓家谱急速散失，只能在某些大图书馆中去查阅了。但真要了解中国社会之特殊性所在，此项材料，总是不得不注意。

我们可以说，"家族"是中国社会组织中一最要的核心。但唐以前，族之重要性尤过于家。宋以下，则家之重要性转胜于族。而家与族之所由组成，以及其维持永远之重要机能，则在"礼"。要研究中国社会史，不得不了解在中国社会相传所重视之礼。礼之研究，有极专门的，但亦有极通俗的。如婚丧喜庆均有礼，而丧礼尤要，因丧礼与宗法相通。在唐代杜佑《通典》中，关于此一方面之材料，搜罗尤备。此因魏晋南北朝下迄唐代，正是门第鼎盛之时，故杜佑作《通典》，在此方面特所注意。自宋以下，中国社会已变，故马端临作《文献通考》，在此方面即忽略了。除宗族礼制外，中国一向有家训家教等一类书籍与散篇文章，流传保存下来的为数也不少，此等也该注意，可与上述材料共同研寻。

除上举的一宗史料之外，研究中国社会史尚有另一种史料当注意，便是方志。中国地方志书，实是丰富美备。宋以下，省有省志，州有州志，府有府志，县有县志，甚至书院学校有志，寺观庙宇有志，乡里社团有志，山林古迹有志，分门别类，应有尽有。论其卷帙，真所谓处则充栋宇，出则汗牛马。近代西方人士对中国之家谱与方志皆特别重视，正因此两者系西方史籍中所无。但在中国近代潮流所趋，此两项著作体例，新的已绝难继越，旧的也快没人理会，这诚是大可惋惜的。

方志为书，溯其渊源，甚为遥远。清代《四库提要》上说，古之地志，载方域山川风俗物产而已。《元和郡县志》颇涉古迹，《太平寰宇记》增以人物，又偶及艺文，于是为州县志书之滥觞。我们亦可说，原先注意的只在地理和政治方面，以后逐渐转移到社会和人物方面来。大致是时代变，社会情势变，史书体例与内容自亦随而变。其实中国方志，自宋以下，已逐渐走上了成为各地的社会史之途径。惟因开始是由志地而起，后人太过注重在此类著述之体例之来历上，却没有注重在此类著述之内容之衍变上。因此究竟方志该重在地理方面，抑该重在历史方面，直到清代儒家如戴东原、章实斋等，尚在争辩不决。但我们用现代眼光来看，中国方志在不知不觉中，其实早已走上了一种社会史的道路，至少也已是在方志中保留了绝大部分各地的社会史料，这是更无可疑的。

就后代一般的方志体例言，其所记录，举凡其地之大自然、天文气候、山川形势、土壤生产、城市关隘、道路交通、风土景物、乡俗民情、历史变迁、政治沿革、经济状况、物质建造、人物面相、宗教信仰、学校教育、文化艺术等，凡属有关其地之各种情状演变，分类列目，靡不毕载。我们只须一翻各方志之分类目录，便知其内容所述，大体均与各地社会史料有关。我们若要研究社会史，本该将其社会之大自然背景、历史沿革、政治、经济、物质建设、艺术爱好、人物德性、风俗、信仰等种种方面，综合会通，融凝如一地来加以研究始得。若依此理想，则中国的方志，正是研究中国各地社会史之绝好材料，其意义自跃然可见了。

要研究中国方志，其事也可分几方面下手。一方面将中国各地方志归纳起来做综合研究，看出其间之共通性与传统性。然后再从另方面把各地域分开来看，看其各自所有之个别性与特殊性。自时间来说，并可划分各时代，看其演变趋向之大势。所惜是近代中国学术界，尚未在此方面能用大力来真实发掘。鄙意若要研究中国社会史，除正史外，最要材料，若能用中国的地方志与家谱配合参究，必然可能有许多宝贵的发现。所以特地在此提出，请诸位有志做此项研究者注意。

四

其次，当注意的便是，要研究社会史，应该从当前亲身所处的现实社会着手。历史传统本是以往社会的记录，当前社会则是此下历史的张本。历史中所有是既往的社会，社会上所有则是现前的历史，此两者本应连系合一来看。我常谓社会譬如一个庭园，里面有林林总总的花草树木，其中有几百千年的盘根老树，也有移植不到一月几旬的娇嫩芝卉。在同一横断面下，有不同之时间存在。以此来看社会，有的习俗流传至今已有几千年以上的历史了，但也有些是今天刚产生的新花样。此社会之横切平断面，正由许多历史传统纵深不同的线条交织而成。社会就是历史进程的当前归宿，社会是一部眼前的新历史。历史家把历史分为上古、中古、近代和现代，但还有眼前史。此当前的社会，呈现于我们面前之一切，实为最真实最活跃的眼前史。

我试给它起一名称，我将戏谓之"无字天书"，一部无字的历史天书。此外一切史书著作，只都是"有字人书"。有字人书的价值远不能超过了无字天书。中国古代大史学家司马迁早就悟到于此，所以他在写《史记》以前，便从事于游历，遍到各地亲眼观察，读通了这一部无字天书，才下笔来写他的有字人书。但我们今天也得反过来讲，我们也须能先读通了有字人书，才能来了悟此无字天书。否则纵使此一人终身生活在某一社会中，可以不认识此社会。纵使他毕生在此世界上周游，亦可不了解此世界。可见"无字天书"该与"有字人书"参读。历史是以往的，社会是现存的。如说社会是一个发光体，那么历史就是这一发光体不断放射出来的光。必待有某样的社会，始能产生某样的历史。一切有字人书，全本此无字天书而写出。因此各位如要研究历史，不该不落实到现实社会。诸位如欲了解此现实社会，也不该不追究到以往历史。此两者，总是不可偏废才好。

若各位能懂得了眼前的那本无字天书，再进而往上追溯，由本乡本土各方志所载，再追溯到各项史籍，这始是考寻始末，穷原竟委。原即指历史言，委即指社会言。但话虽如此，当我在讲此番话时，我心上却觉十分难过。姑就我一人的生活言，自十岁开始有知识起，这六十多年来的中国社会，一回溯，全上心头，真可谓世变日亟，人事全非。中国社会在此六十年中，惊波骇浪，层翻叠起。使人置身其间，

第三讲 如何研究社会史

大有眼花缭乱、目不暇给之感。这社会变化委实太大了。在抗战时期，我避难后方，得遍经华南及西南地区，如湖南、广东、贵州、云南、四川各省，凡所到，觉得那里的社会尚保存着很多传统的古老风情，尚如我幼年时在江浙所见。但抗战时的江浙，已早不是那情形。尤甚的，如今天大陆上的变化，想来将更是急剧而巨大。倘我们仍想根据今日眼前所见，来追究以往，在此研究中国社会史一大题目上，这项功夫真是大大不易。昔孔子作《春秋》，曾分为所见、所闻、所传闻之三世。我们此刻，需能好问多闻，越过此所见、所闻、所传闻之一百年，才能把我们眼前这一本无字天书，向上衔接到前代人的有字人书上去。然将仍嫌文献不足。这是一个文化脱节的时代。若我们将来返回大陆，那时的中国大陆社会，将更是面目全非，社会上根本一切都大变了。苟非有大智慧、大学问，即使要做此一番连贯研究的工作，也甚不易呀！

但话虽如此，究竟当前的中国社会，依然是一个传统的中国社会。前几年，本人有机会去南洋，曾做过几次讲演。有一次，讲及与中国社会有关的问题，我曾说："中国人来海外，是随带着中国的社会而同来的。换言之，是随带着中国的文化而俱来的。亦是随带着中国的历史传统而俱来的。"证据何在？即在目前南洋各埠到处所表现的华侨社会那几本无字天书上。甚至远在欧美各地的华侨，他们虽然寄居异乡，可是只要有华侨聚居，仍可看出他们是生活在一个中国社会中。华侨去海外，他们都是赤手空拳，孤军奋斗，而且是在占有绝对优势的其他民族的歧视排挤与巨大压力下，而能凭他们的一份智慧技巧和劳力血汗，来争取他们的生存。甚至在异邦他乡，也能头角峥嵘，各有他们对当地建立了大量不可抹杀之贡献与功绩。这因在中国人各个人身上，都有此一份中国的历史文化传统，社会凝结精神，相与俱往，故能如此。这是眼前的明证确据，只我们不能把此中真义尽情发挥出来，便成为知其然而不知其所以然。我们若能由社会追溯到历史，从历史认识到社会，把眼前社会来做以往历史的一个生动见证，这样研究，才始活泼真确，不要专在文字记载上做片面的搜索。

中国社会是广大的，又是悠久的。我们要研究中国社会，不仅当从社会的横剖面看，尤应从其历史传统方面去看。历史变了，社会自亦随而变。也可说，正因社会变了，所以历史亦随而变。但历史与社会，都有一不变的传统存在着。譬如我们看今天的香港，我们要能逆溯上去。远在鸦片战争之前，直到鸦片战争之后，香港社会自有其甚大之变。到今天，西方物质文明所加被于香港社会的，固是日新月异而岁不同，但香港社会却依然十足是一个中国社会。在这上，我们可悟到社会之所以成为一社会者，其主要特殊点究何在。我们自亦可以悟到，若我们来研讨香港社会之传统性，绝非单拈着封建社会与资本主义社会之两个舶来名词，便能解释便能明了的。

因此研究社会，即犹如研究历史。同时，研究历史，亦即犹如研究社会。主要在能把握其传统性，显出其特殊

第三讲 如何研究社会史

性,看出其人群相处间几项一定的关系。即如何由个人生活融凝转化为群体生活之几条道路,即人类相互接触间,有关其思想、情感、信念等等,如何能趋向于和谐与合作,发展与进步。这是研究历史和社会之最大节目与纲领。因此我们说,要研究社会史,绝不可关着门埋头在图书馆中专寻文字资料所能胜任,主要乃在能从活的现实社会中去获取生动的实像。也不可在你脑中先存着要解决某一社会问题而来做研究,更要是能先忘掉此问题,然后能鉴空衡平,自下至上地先求对此传统社会通体明白,彻底了解。到那时,你要解决某项问题,才可有真知灼见来下手。我今天所讲是从历史研究的观点出发,来谈如何研究社会史。时间所限,到此就做结束吧。

第四讲　如何研究经济史

一

今天我讲"如何研究中国经济史"。在进入正题之前，我先要阐述一下中国历史传统对经济问题所抱一项主要的观点，即是物质经济在整个人生中所占地位如何。经济对于人生自属必需，但此项必需亦有一限度。亦可说，就人生对经济之需要言，并不是无限的。经济之必需既有一限度，我姑称此限度为经济之水准。倘经济水准超出了此必需限度，对人生可谓属于不必需。此不必需之经济，我姑称之为一种超水准之经济。它既已超过了人生必需的限度，这便是无限度，亦即是无水准可言了。

低水准的必需经济，对人生是有其积极价值的，可是不必需的超水准经济，却对人生并无积极价值。不仅如此，甚至可成为无作用，无价值，更甚则可产生一些反作用与反价值。此种经济，只提高了人的欲望，但并不即是提高了人生。照人生理想言，经济无限向上，并不即是人生的无限向上。抑且领导人生向上者，应非经济，而实别有所在。此一观点，实乃中国人对于经济问题之一项传统观点，其在中国经济史之发展过程中，甚属重要。我们要研究中国经济史，必须先着眼把握此点。此亦中国历史所具特殊性之主要一例。

中国以农立国，只有农业生产为人生所最必需，乃最具低水准经济中所应有之积极价值者。昔英国社会学家詹姆斯撰有《社会通铨》一书，彼谓社会演进之顺序，首系游牧社会，次为农业社会，再次始为工商社会。其实此说并非完全恰当，因由农业社会进入工商业社会后，农业仍不可缺。若一社会脱离了农业，此社会即无法生存。至于近代帝国主义下的社会，凭其超水准经济来推进其殖民地征服，此项事实，不可为训。

马克思继承詹姆斯之后，似乎他的眼光，也都注重在工商业方面。马克思的经济理论，主要在从工业生产中，指出一项剥削劳工的剩余价值来。马克思虽提倡唯物史观，但其眼光所到，似乎并未看重到农业，亦未为此农业生产在他的理想社会中做一好好的安排。今天共产社会所最感烦扰棘手不易解决的问题，亦即在农业问题上。可见近代西方学者论社会，论经济，都不免太过侧重于工商业，而忽略了农业，这实是一大纰缪。

中国又是一个大陆农国，物资供应，大体上可以自给自足。中国古人，似乎很早就觉悟到我上面所说低水准经济之积极价值方面去。正为对于人生的低水准经济需要易于满足，于是中国历史很早就轻松地走上了一条人文主义的大道。中国的人文主义，亦可说是人本位主义。因此中国历史上各项经济政策，亦都系根据于其全体人群的生活意义与真实需要，而来做决定。农业经济，最为人生所必需。其他工商业，则颇易于超出此必需的水准与限度以外，而趋向于一种不必需的无限度的发展。如现代资本主义社会般，人生似乎转成追随在经济之后。经济转为主，而人生转为副，这是本末倒置了。

中国的历史传统，常能警惕地紧握着人生为主而经济为副的低水准的经济观。故谈及经济问题时，常特别注重于"制节谨度"这四个字。节与度即是一水准，制与谨则是慎防其超水准。中国人传统意见，总是不让经济脱离了人生必需而放任其无限发展。此项发展，至少将成为对人生一种无意义之累赘。一部中国经济史，时常能警惕着到此止步，勒马回头，这是一大特点。

故中国经济的理想水准主在平。中国人言："贫而乐，富而好礼。"此贫字，其实即是一低水准。由有富而始见其为贫。富者，则求能好礼。礼之意义，亦即在求其平。故中国社会之人生标准，主要即在其求平而乐，其最终标准，则曰"天下太平"。

二

西方历史主要即在求不平。中古时期封建社会崩溃以后，即产生了自由工商业。其实在中国，大体上，亦有此相似趋势。当战国以下，古代封建政制崩溃，社会上便兴起了三种新势力。直到汉代，其情势甚为显著。在太史公《史记》中有《儒林》《货殖》《游侠》三列传。《儒林列传》中人物，属于"士"之一阶层，乃由战国游士演变而来。只是由列国纷争时代的游士，演变为大一统政府下安心归集于同一中心之下的儒士，这一不同而已。要之，士的势力，在当时已几乎代替了古代的封建贵族的势力，但亦只代表着其一部分之势力而已。

其第二类则为自由商人，在战国时如陶朱公、白圭，下逮吕不韦以邯郸大贾，位至秦相。可见当时商人势力之大，已骎骎乎超过封建贵族之上了。太史公《货殖列传》称此一批人为素封，即指其凭借财力来代替以往封建贵族在社会上之地位。虽没有封地，而等如有封地，故谓之素封。

其第三类为游侠，此种人在西方历史上并没有相类似之发展。在中国古代社会中，游侠之背景先似近于士之一类型，而终究则归属于工商业货殖传一类型中。不过游侠所为，乃是专在营干冒犯政府法令之工商生利事业，故当时称之为"奸"。举例言之，如入山开矿、铸钱、烧炭、掘冢等。此类事业，都是结集群体劳力来从事违法的生产。太史公《货殖列传》中亦云："其在闾巷少年，攻剽椎埋，劫人作奸，掘冢铸币，任侠兼并，借交报仇，篡逐幽隐，不避法禁，走死如鹜，其实皆为财用。"这一番叙述，已指出汉初游侠行径与货殖中人之异途同归了。

此三类人物，显然就是古代封建贵族崩溃以后，社会上新兴之三流品。当时惟儒林中人物，只在农村里面半耕半读，安分守己，不失一平民身分。而那些商贾游侠，则无不交通王侯，奴役平民，在社会上占有绝大势力。但自武帝重儒生，开始组织士人政府，一辈士人所抱的观点，乃在政府中活跃呈现，遂开始来禁绝游侠，裁抑商人，使此下的中国社会，走上一条与西方历史绝不相同之路向。正因为中国的士，尤其是儒家，他们都抱有一番如我上述的经济观点。此种观点，当然导源于农村社会者为多，酝酿于工商城市者为少。由于抱有此种观点的人物，出来站在政治上层做领导，遂使此后中国社会，乃别有一种颇为特殊的发展。兹姑举先秦时代三本在后代最显著最流行的儒书中所言，来代表当时中国人对经济意见之一斑。

三

一、《论语》云："不患寡而患不均，不患贫而患不安。"此两语，在中国经济史上，两千年来，乃为国人最所服膺之一番理论。即使我们把来用诸今日，仍觉切中时弊。我们也可说，20世纪的世界并不穷，人口生殖率也不弱，所患只是在不均和不安。我们当知，若专从经济着眼，一切仍只以经济为主，则此后世界将永远无法得均得安。孔子此语，虽说的是经济，但主要着眼处则并不在经济上。

二、《大学》云："有德此有人。有人此有土。有土此有财。有财此有用。"此处之所谓德，即是《大学》开首所谓明明德之明德。人类有此明德，才可相结集。人之结集，即是土地之拓展。土地拓展了，则不患财用不充足。近代西方帝国主义殖民政策，则与此正相反。因于财用观点而拓展土地，而奴役人民，而斵丧明德，这就本末倒置了。《大学》此几句话，亦与近代人提倡的户口政策不同。近代人认为须有足够的土地，才能维持适当数量人口的生计。因此人口数量不该超过有限土地所能承担的生产力。在中国过去社会，此项理论殊不适用。因过去中国是一大陆农国，人群和合了，同时即是土地展拓了，也即是财用充裕了。因此说："德者本也，财者末也。外本内末，争民施夺，是故财聚则民散，财散则民聚。"《大学》这一番理论，贡献给此下中国作为一种传统的经济政策之张本，我们不可不注意。

三、《荀子》云："圣人制礼义，以养人之欲，给人之求。使欲必不穷乎物，物必不屈于欲，二者相持而长，是礼之所起也。"荀子主张，我们的物质欲望不可超过现有的物质限度。当然现有的物质限度亦须能适应现有人之物质欲望。在此两者间，须能相互调节。使人的内心欲望与外在物质生产，双方相持而长。荀子此番话，亦是一种人文本位的经济理论。可以说，中国人一向的经济理论，都是以人文主义为立场，或说是以道德主义或礼义主义为立场的。人生的欲望，本可无限地扩张提高，但欲望无限提高，并非人生理想所在。若使物质经济常追随于人生欲望之后，而亦求其无限提高，此将使人生永成一无限。无限向前，却是无限的不满足，与无限的无休止。此将是人生之苦痛与祸害，绝非人生之幸福与理想。故领导人向前者，应属之于道德与礼义，不应属之于欲望与经济。人之种种欲望与物质经济，同须受人生理想与道德之领导。

四

此项理论到汉代时，又出了几位有名人物如贾谊、晁错、董仲舒等，彼等之政治抱负与经济理想，大体言之，均是因袭上述儒家思想而来。我姑举董仲舒所言以资证明：

董仲舒云："使富者足以示贵，而不至于骄。使贫者足以养生，而不至于忧。以此为度而调均之。"当知社会绝不能绝无贫富相差，但当使富者仅在社会上能表示其地位之较高而止。如大政治家、大艺术家、大科学家等，他们在社会上贡献比别人大，自当获得一份比别人较高的地位与待遇。此种差别是有理由的。即如当前共产主义国家里面，岂不是此辈人之地位与待遇仍然高出常人吗？此等差别，我们实无法反对。只是不要让人由富生骄，丧其明德，则于己无益，于人有害了。至于穷人，与富相较，则自见其穷。既有富，必有贫，亦所难免。但也要使贫者能获得他们低水准的必需，有他们低限度的生活，不要让他们内心老忧虑。

此处所引董仲舒之所谓富与贫，其实只是在同一水准上比较有此分别而已。无论富与贫，同样不该超水准，而此水准则以人生的理想为依归而树立。人都该能活着，而尤该活得近理想。即如目前西方国家，在亚、非地区所以不得人缘，有些就是患了富而骄的病。他们因和人贫富相差太悬殊，便不免视别人为落后民族，以为予以一些经济援助，便是拯救了这些地区。这一种内心，正是骄的表现。仅知有经济，不知经济以外有人生，则富必然会骄，因骄而生出人类相与之不和与不睦来。这些不和不睦，却非经济所能解决。

但富而骄固不可，贫而忧也须防。经济条件降落到一种必需水准之下去，这亦会发生人群间之不安与不和。董仲舒的意思，就是要在富而不骄，贫而不忧，高下有宽度的节限中，来维持一个相当有伸缩余地的社会经济水平。以此为限度而调均之。"此"字所指，主要即是一种德，如不骄不忧之心理状态，更重要过于不必需的经济条件。

汉武帝采用了董氏政策来节制资本，裁抑兼并，尤著者，如盐铁政策。据司马迁《史记》所云："猗顿用盬盐起，而邯郸郭纵以铁冶成业，与王者埒富。"盐铁为人生日常必需品，不当由私家操纵专利。汉武帝此项制度之用意，永为后世所承袭，遂使此后中国社会永远不能有垄断为利之大资本家出现。我们当知在此种制度之后面，实有一番人生理想与经济理论在做领导，故使中国社会在封建政制崩溃之后，不转到资本主义社会路上去。故自汉武帝开始建立士人政府以后，货殖游侠一批人物便潜消于无形。而自《史记》以后，除班固《汉书》因袭《史记》外，二十四史中也不再有货殖游侠列传了。即班氏《汉书》亦以此讥史公，谓其"序游侠则退处士而进奸雄，述货殖则崇势力而羞贫贱"。班氏此一评语，正可说明此下中国社会何以不再容游侠货殖中人得势的一般意见。

现在人不悟此中因由，以为惟有太史公有史学特识，故能提出此两列传，以后史家无太史公般识见，遂不知为货殖游侠写列传。其实此后中国社会已正式成为四民社会了，商人与游侠已失却其素封与新贵之地位，不能如汉初般在社会上发生出特殊作用，故后来史家也就无法再为他们另立专传。正为的是历史上无此现象，却不便是史家无此识见呀！

五

我们可以说，中国此下经济制度大体承袭了此一传统。先说保持必需经济的低水准方面。我将姑举几项大纲目言之。首先当言平均地权之一项，此即向来学者所爱言之井田思想。其在历史上见之实施者，为各时代之均田制。主要是裁抑兼并，所谓"富者田连阡陌，贫者亡立锥之地"，此乃中国历代政府所力求纠正者。随于土地政策而来者，如废除奴隶使成为自由民，以及历代赋税制度之主于轻徭薄赋。以及各项悯农、恤贫、救荒、赈灾、公积、义仓，及奖励社会私人种种义举善行，以宽假平民，力求安和，此皆中国两千年来政府所传统倡导尽力履行者。这些工作之背后，均受一群士大夫之鼓吹与支持，其意只在使一般人民的经济生活不堕落于过低水准。

再说防止经济超过高水平，走上不必需的经济之无限发展者，除上述盐铁政策，禁止日用必需品之为商人所垄断专利等以外，又如禁止商人进入仕途，此亦为中国传统法制一大端。董仲舒尝云："明明求仁义，君子之事。明明求财利，小人之事。"此所谓小人，乃指只为私家私人谋生计满足，以其平素用心在私，故不能付之以国家之重任。明明求仁义，则是存心在公，非士人专一诗书，求明义理，不能有此。故付托以国家重任者，亦必在此辈。董仲舒又云："正其谊不谋其利，明其道不计其功。"当知道义乃人生所必需，功利则往往有不必需又超于必需之外者。故当以道义为经济立限度。偏重功利，则易趋于无限度。董仲舒之言，极为近人诟病，其实就中国历史传统言，此等言论，皆有甚大影响，而非诚可诟病者。我们当细求其意旨所归，不当因其骤然看来和我们意见不同，便肆意轻蔑，不求理会。

又如汉代有禁止商人衣丝乘车之事，此种限制，直到清代，还是时时变相出现。但若因此而认为中国历史传统一向轻贱商人，则亦不尽然。《左传》云"通商惠工"，此四字为历来所奉守。通商者，即通商贩之路，令货利往来，给予商人以种种之便利。又如说"关市讥而不征"，当知历来商税皆不高，有些时且不征商税，商品在全国各地可以自由流通，绝无阻滞留碍之虞。如在晚清咸同年间，为平洪杨乱事，创办厘捐，当时曾引起极大争持，此等皆是一时不得已而为之。诸位当知，中国政治传统，只是防止商人专为牟利而妨害了社会，却并不允许政府专为牟利而妨害了商人。可知贱商之说亦不公允。

中国历史上，工商业在古代已甚发达，如南朝以下之广州，唐代以后之扬州，此等城市，其商业繁荣之情况，屡见于历史记载，多有超出吾人所能想象之外者。即如宋人所著《太平广记》一书，其中所载琐事轶闻，大可想见在当时中国各地之商业情况，足可打破我们所想象的中国永远留在农村社会之一假想。我们尽可说，中国工商业一直在发展情况下繁荣不衰，惟遇到达社会经济物质条件足以满足国民需要时，中国人常能自加警惕，便在此限度上止步，而希望转换方向，将人力物力走上人生更高境界去。故中国历代工商业生产，大体都注意在人生日常需要之衣、食、住、行上，此诸项目发展到一个相当限度时，即转而跑向人生意义较高的目标，即人生之美化，使日用工业品能予以高度之艺术化。远的如古代商、周之钟鼎、彝器，乃至后代之陶瓷、器皿、丝织、刺绣，莫不精益求精，不在牟利上打算，只在美化上用心。即如我们所谓文房四宝，笔精墨良，美纸佳砚，此类属于文人之日常用品，其品质之精美，制作之纤巧，无不远超乎普通一般实用水准之上，而臻于最高的艺术境界。凡此只求美化人生，绝非由牟利动机在后作操纵。又如中国人的家屋与园亭建筑，以及其屋内陈设，园中布置，乃及道路、桥梁等，处处可见中国经济向上多消化在美育观点上，而不放纵在牟利上。我们治中国经济史，须不忘其乃在全部文化体系中来做此表现。若专从经济看经济，则至少不足了解中国的经济发展史。

说到工业，中国历史上有几项著名的大工程，如秦以后的万里长城，又如隋代与元代所开浚之运河。此种大工程，亦莫不与国防民生实用有关。总而言之，中国人只注意经济之必需。如此而有裕，即着意在人生美化上。虽中国民族亦具有伟大的制造工艺才能，但亦都不从牟利上着眼。故经济之向上发展，虽同属于一种物质方面的，而西方则偏在科学机械方面，中国则偏在艺术陶冶方面。孟子曰："王何必曰利，亦有仁义而已矣。"人生美化艺术化，亦属仁义方面。科学与艺术，亦是一种义利之辨。至如核子武器之发明，则为一种大不仁。可见中国传统经济观，均是一种人文本位道德本位者，重人生，不重经济。经济只以辅助人生，非以宰制人生。于是经济发展，遂成为有限度的。

六

在中国古代有一书，名《周官》，亦称《周礼》。此书实为中国古代一部奇书，犹如西方希腊哲人柏拉图之著有乌托邦《理想国》。此书当属战国末年人作品。书中假托周代官制，有意把政治、社会、经济、教化冶于一炉，是亦主张一种人文主义之经济政策者。后人遂多疑以为乃周公著作。

后代曾有三位政治人物，想依照此书推行新政。一为西汉末年之王莽，一为南北朝时代北周之苏绰，一为北宋神宗时之王安石。此三人中，结果二王推行新政都失败，惟有苏绰一人成功了。这因王莽、王安石皆在社会经济条件较佳情况下，来推行周官政策，裁抑工商业太甚，以至失败。而苏绰则在社会经济条件较不佳之情况下，来推行周官政策，故不见有裁抑工商业过甚之病。

此处亦可看出中国历史进程中之一种中和性，不走极端，不为过甚。而同时亦见中国历史传统，本不专向裁抑工商业一方推进。过分裁抑工商业，必然将招致恶果无疑。若我们仔细一读王莽、王安石两人之政治失败史，便可透悟此中消息。尤其当王安石时，一辈旧党反对新政，此辈人亦多属儒士，可谓与王安石在学术上仍是同一路线者。我们若仔细去读当时那些反对派的言论，更可透悟出中国传统思想中对经济观点之内涵意义之另一方面来。

近人粗治西方思想，震惊于王莽、王安石两人之经济措施，有些与西方意见若相暗合，却不懂他们究竟为何失败，于是尽骂中国人守旧，尽骂中国传统轻视工商人，此等皆是推想失实。

七

根据上述，我将重新指出我以前所一再提及的，即中国历史之浑融一体性。故我们要研究中国政治史，或社会史，或经济史，只当在文化传统之一体性中来做研究，不可各别分割。我们当从政治史、社会史来研究经济史，亦当从政治思想、社会思想来研究经济思想，又当从政治制度、社会制度来研究经济制度。在此三者之上，则同有一最高的人文理想在做领导。循此以往，中国历史之传统与其特殊性，便不难找出答案来。

第四讲　如何研究经济史

现在再论到中国经济中几项特有情况，有很多问题乃在西洋史中所未见或少见者，而亦遂为今日国人所忽略了。就中国人传统观念言，一个时代，若其物质上之积聚多而消散少，此时代即富而安，否则反是。在上如帝王之骄奢淫逸，而浸淫及于士大夫生活。又如政府之冗官冗吏，过量开支。对外则有防边与开边，或穷兵黩武。凡此种种，皆足以招致国库空竭，人民贫乏。如汉武帝远征匈奴，以为可以一劳永逸。但到末年，终不免有轮台之诏，自悔当年之措施。唐中叶以后，亦可说是因于有一种接近帝国主义之向外扩张，而招来国内之不安，乃至生出五代之黑暗时期。又因中国国防线太长，如宋代，如明代，皆因防边而动用浩大之财力，耗散浩大之人力，亦为造成当时国势衰弱之一因。又如河患与漕运两问题，此亦为中国历史所特有。黄河屡有泛滥溃决之患，历代专设机关特命大员设法防治，耗费甚巨，常因此而激起社会的经济危机。漕运乃指水道运输粮食言，或运至京师，或供应边防，或沿途分储食廒，皆称漕运。此亦为中国历史上一大消费，皆因中国所特有之地理背景而引起。此黄河与漕运之两大问题，在中国史书中，历代均有详细叙述。此两事，每使历代政府岁縻巨帑，耗费国家财力，不可计算。欲研究中国经济史，此等特殊问题亦不可不一加注意。

又如唐以前之门第社会，虽若迹近封建，导致社会不平等，然当时之大门第实为社会财富之积聚中心。社会因有此积聚，而使一般经济易于向上。唐以后，则是一个白衣进士的社会，财富分散了，经济无积聚，好像更走上平等。但一切社会上应兴应革之事，反而停滞，无法推动。此因社会力量因平铺而瘫痪了，不易集合向前发展。此一问题亦极重要。但在今日讲来，已是历史上之过去陈迹，因亦没人注意了。但此实是宋以下中国常苦贫乏之一因，值得再提醒。

但若总括来说，中国历史上的经济情况，自秦迄清，直到道咸年间，向来可说是较佳于西方的。经济落后，只是近百年事。我们尽可说，在近代西方科学兴起以前，中国经济一向胜过于西方。只因近代科学兴起，而中国经济遂见落后。此下我们将如何引进近代西方之新科学而又能保持中国经济旧传统，即仍然保持中国一向坚守的人文本位之经济思想与经济政策，使新科学兴起后之经济发展，仍不致超水准而走向无限度与不必需的发展上面去。此是一大问题，有待中国自己此后新起的经济学家来设计，来督导，来创立一种适合中国传统社会的新经济思想与政策及制度。在中国历史上，能特创新制度，来解决当时代之种种问题的大政治家、大经济学家，固已代有辈出。但今天我们则失却此自信，种种聪明，都奔凑到抄袭与模仿上，自己不能创造，也不敢创造。惟此厥为中国今日最大最深之一病。

西方人有他们一套浮士德式的无限向前精神，有他们传统的个人主义、自由主义与财利主义。他们一意提高物质生活，而把其他人生尽追随着向前。我们明知此一套精神实为中国社会所不易接受。而他们这一套精神，亦已弊病百出。但我们偏要勉强学步，则所谓落后，便真成为落后，而无法追上了。故中国今后最要急起直追者，却不是追随西方，乃在能追随中国古人那一种自创自辟的精神。

即就经济史上之种种发明而言,如钞票是发明在中国的,如近代山西票号之信托制度等金融措施,亦是中国人自己发明的。若把中国经济史上种种出自中国人自己发明的方法和制度等,一一罗举,亦足增长国人之自信。我们今后正须在经济制度、经济政策、经济思想上,自己因地制宜,别有建树,则首先得回头一看中国过去的一套经济史。这更是我们研究此下经济发展所应注意的。

第五讲　如何研究学术史

一

今天所讲是"如何研究中国学术史"。

根据以前数讲，有关政治、社会及经济诸端，可以明显地看出中国历史之浑融一体性。而中国历史之所以能不分裂与无中断，亦颇于此可见。中国历史文化传统源远流长，在其内里，实有一种一贯趋向的发展。我们并可说，中国历史上之传统理想，乃是由政治来领导社会，由学术来领导政治，而学术则起于社会下层，不受政府之控制。在此一上一下循环贯通之活泼机体之组织下，遂使中国历史能稳步向前，以日臻于光明之境。

上讲我已提及中国历史上之伟大人物周公。周公实近似于西方哲人柏拉图在其《理想国》中所要求的理想政治领袖。但周公不是一"哲人王"，仅是一"哲相"。他可说，是以一学者哲人身分，而来建立了西周一代的政教礼制，奠定了中国此下数千年的优良基础。周公之后，继者有孔子。

孔子所理想，即是复兴周公之道。孔子曰："甚矣！吾衰也！久矣，吾不复梦见周公。"可见他对周公之衷心向往。孔子在政治上虽不得意，但在学术上则有更伟大之成就，更深远之影响。中国此后之全部学术史，即以孔子及其所创始之儒家思想为主要骨干。我们又可以说，以学术来创立政教制度者，以周公为第一人，而孔子继之。如韩昌黎所说："周公在上，故其事行。孔子在下，故其说长。"两人之不同者在此。

此后先秦诸子，他们中的多数，亦如周公、孔子般，同有一番他们的政治理想与政治抱负。他们亦都想把他们所各自开创信守的一套学术思想，来创建一新制度，推行一新政治。此等态度，可说与儒家基本精神相差不远。至秦汉以后，中国学术大致归宗于儒家，此非各家尽被排斥之谓，实是后起儒家能荟萃先秦各家之重要精义，将之尽行吸收，融会为一。故在先秦时，尽有百家争鸣。而秦汉以后，表面上似乎各家都已偃旗息鼓，惟有儒家独行其道。按诸实际，殊不尽然。此因中国学术精神，乃以社会人群之人事问题的实际措施为其主要对象，此亦为中国学术之一特殊性。儒家思想之主要理想及其基本精神即在此。而先秦各家思想，大体亦无以逾此。故能汇归合一，而特以儒家为其中心之主流而已。

故中国学术之主要出发点，乃是一种人本位主义，亦可说是一种人文主义。其主要精神，乃在面对人群社会中一切人事问题之各项实际措施。如上述政治、社会、经济诸端，皆属此对象下之一方面、一部分，皆可以实际人事一语包括之。故中国学术精神之另一表现，厥为不尚空言，一切都会纳在实际措施上。所谓坐而言，起而行。若徒言不行，著书立说，只是纸上加纸，无补实际，向为中国人所轻视。因此如西方所有纯思辨的哲学，由言辨逻辑可以无限引申而成一套完整之大系统大理论者，在中国学术史上几乎绝无仅有。故在中国学术史上，亦可谓并无纯粹之思想家或哲学家。"思想"二字，实近代中国接触西方以后所兴起之一新名词，中国旧传统只言"学术"，或言"学问"，不言"思想"。因中国人思想之对象即在实际人事问题上，必须将此思想从实际措施中求证验。所谓"言顾行，行顾言"，而毋宁尤贵行在言前。故中国哲人之一切言辞，似乎只是一种人生经验，与其绩效之概括的叙述与记录而已。其立言大本，即在人生实际，不在一套凭空的思想体系上。

如《论语》开首即云："子曰：学而时习之，不亦说乎！有朋自远方来，不亦乐乎！人不知而不愠，不亦君子乎！"此不能谓是孔子之一套思想或理论，仅可谓是孔子对于全部人生提纲挈领的一项叙述而已。此乃由孔子观察日常人生，及其切实践履所获得之亲身经验之一种记录。因此我们对孔子此番话，亦不能随意运用自己一套思想或语言逻辑规律来加以批评。因此乃孔子所亲身体会之一种实际人生，不是一纯思想，或纯理论。若欲领悟此中滋味，亦必得投身于此实际生活中，亲身有此一番实际体验，才能印证其说。因此中国人讲学问，恒以"知行"两字并重。无论说知难行易、知易行难、知行合一云云，均将知与行两项连在一起说。即如上面所举《论语》首章，你必真做到"学而时习之"的功夫，才能体验出此心喜悦之情，这是第一步。继此以往，然后"有朋自远方来"，便觉无比快乐，此为第二步。更进而达到"人不知而不愠"的境界，此为第三步。我们当知，如无第一步实践，便无从有第二步。如无第二步到达，亦无从说到第三步。此属一种人生境界，非关思想体系。因此中国人教人做学问，必须知行配合来做。即如学问二字，也都是属于行的方面者。学与问，皆须从实习下手。

此种精神，却可谓与西方人之现代科学精神相近似。科学研究必重实验，实验到这一步，再推想到另一步。如此逐步推进，却不走远步，逃离实验，凭空一口气推想出一番大道理来。但中国学术传统，究与西方近代科学有其迥异处。这因西方近代科学所研究之对象，乃指向于自然界之一切实物与现象，而中国传统学术所着意者，乃在人文界之一应实事上。自然物变动少，研究自然可有一恒常不变之共同对象。因此前一人研究所得，后一人可以凭此继续深进。探求了这一面，再继续探求那一面。进入了这一层，再继续进入另一层。研究科学可以按部就班地拾级而登，后人所发明或发现，常可超越前人，有日新月异之概。近代有了爱因斯坦，便可超越了昔时牛顿所发明之几项定律，而更有新发明。后人有新发明，前人所发明者即续被修正。

但此种情势不能转用到人文界。人是活的，人常在变动中，人事亦常在变动中，真所谓"不居故常，一日二日万几"。所以处理人事，只有因地制宜之一法。骤然看来，似乎中国人讲学术，并无进步可言。但诸位当知，这只因对象不同之故。即如西方人讲宗教，永远是一不变的上帝，岂不较之中国人讲人文学，更为固步自封，顽固不前吗？当知中国传统学术所面对者，乃属一种瞬息万变把握不定的人事。如舜为孝子，周公亦孝子，闵子骞亦复是孝子，彼等均在不同环境不同对象中，各自实践孝道。但不能因舜行孝道在前，便谓周公可以凭于舜之孝道在前而孝得更进步些。闵子骞又因舜与周公之孝道在前而又可以孝得更进步些。当知从中国学术传统言，应亦无所谓进步。不能只望其推陈出新，后来居上。这是易明的事理。

其次，再说到人事牵涉，固属复杂多端，但既属人事，则必是可以相通合一的。因此中国以往学者，很少对政治、社会、经济等项，分途做各别钻研的。因人事只是一整全体，不能支离破散来各别对治。如硬要将此等各别划开，只从某一角度为出发点去做研究，固亦可以著书立说，成一家之言，言之成理，持之有故。但配合到实际人事上来，则往往会出岔。如西方人讲经济学，亚当·斯密之"自由经济"的理论，岂不言之成理，持之有故。但推行过当了，便会出毛病。至如马克思的"阶级斗争论"，则更不必说。但单就其理论看，又何尝不是言之成理，持之有故，有他一套思想体系？只是凭空一口气说得太过远了，太过周到了，再放到人事实际问题上来，反而不适切。

中国的学术传统，则较喜欢讲会通，不甚奖励成专家。

一言一行，总须顾全大局。因此用西方人眼光来看中国学术，自然没有像西方般那种分道扬镳、百花齐放的情形。两相比照，若觉中国的不免失之单调和笼统。其实此亦中国学术传统之一特殊处。譬如有人说孔子是一政治家，这并不错。或说他是一哲学家，或教育家，或史学家等，也并没有错。甚至说他是一社会学家，也未尝不可。但孔子之伟大，并不在他的某一项专门学问上。当时人就说孔子"博学而无所成名"。此后学术传统如此，中国学术史上伟大人物，常只是一普通人，而不能像西方之所谓专家，这也是事实。

中国学术史上亦并无专家，如天文、历法、算数、音乐、法律、医药、水利、机械、营造之类，都须有专家。但中国本于其传统的人文精神，一向学术所重，则在通不在专，在彼不在此，此为治中国学术史者所不可不知。

二

上面讲到中国学术传统侧重在人文界，必求落实于人生实际事务上，我姑举《大学》三纲领八条目来说。讲到人生实际问题，实跳不出《大学》所提出的修身、齐家、治国和平天下之范围之外。欲达到上述目标，首先必须做到正心和诚意。我们且试问，为何我们不在此大群体内，各自谋求个人小我之出路与打算，与夫个人私生活之享受，而必要贡献我自己，来担当齐家治国平天下的大任？我们的人生大道，为何必要只尽义务不问权利？当知此处，实见中国传统学术中，寓有一番宗教精神在内。故在中国文化体系中，不再有宗教。宗教在中国社会之所以不发达不长成，因儒家思想内本已含有一番宗教精神，可以来代替宗教功能了。此又为中国文化之一特殊点。而此项宗教精神之获得，则基于各人之心性修养功夫。

所以就儒家学术言，正心、诚意是"体"，修、齐、治、平是"用"。但单有此心，如无具体知识，则此体仍不全，亦发不出用来，因此要致知。若对外在事物、家国天下，漫乎茫然，一无所知，又如何得有修、齐、治、平之用？只要你不能修、齐、治、平，则仍即见你心不正，意不诚。空有此一番心情，表现不出真实功用来，如何能说是心正意诚。心正了，意诚了，自会逼得你去求取知识。此和西方哲学所谓"爱智"一词又有些不同。

西方哲学所求是一套纯知识，纯理论。他们认为此知识与理论可以超事物而先在。他们只是为知识而知识，认为要获得那套纯知识纯理论，则应先超乎种种实际事务之外之上来运用思想，然后其所得乃纯乃真，然后再把此一套纯知识纯理论安放进实际人生中，此是西方哲学精神。因此西方哲学只是一种纯真理纯知识之爱好与追求。

中国学术精神则比较谨慎，爱切实，不迈远步。凡属所知，必求与实事接触，身体力行，逐步做去，始能逐步有知。在这社会大群体中，在国家有君臣，在社会有朋友，在家庭中有父子、夫妇、兄弟诸伦。因说致知在格物。此物字并非专指的自然界之物，更要乃是指的人群间一切实事。格是接触义，若不和人群社会中事事物物相接触，即得不到知识，即不能应付此一切的事事物物，也就不能修、齐、治、平，亦即不能说是心正意诚了。

三

由上说再推申，我认为中国传统学术可分为两大纲，一是心性之学，一是治平之学。心性之学亦可说是德性之学，即正心、诚意之学，此属人生修养性情、陶冶人格方面的。中国人所讲心性之学，又与近代西方的心理学不同。近代西方的心理学，可用一只狗或一只老鼠来做试验，主要乃从物理、生理方面来讲心理，把心归入到自然界物的一方面来看。中国的心性之学，则是反应在人生实际问题上，人类所共同并可能的一种交往感应的心理。把实行的分数都加进了。

治平之学，亦可称为史学，这与心性之学同样是一种实践之学。但我们也可说心性学是属于修养的，史学与治平之学则是属于实践的。具备了某项心理修养，便得投入人群中求实践。亦贵能投入人群中去实践，来做心性修养功夫。此两大纲，交相为用，可分而不可分。

在先秦诸子中，学术路向各有不同。如道家中之庄老，对人类心性方面极有研究，所缺的是不很看重历史经验。如墨家墨子，特别重视人群治平实践，他常称道尧、舜、禹、汤、文、武、周公诸圣人，又好称引《诗》《书》，是其颇重历史经验之证。但不甚通达人之心性，则是其所缺。只有儒家孔、孟，乃于心性治平两途并重，兼道、墨之长，而无其缺，故能成为中国学术史上之大传统。我们如能循此条理来治中国学术史，便易于把握。如汉唐学术偏重在实践方面，宋明时代则偏重在心性方面。亦非说汉唐人只重实践，不讲内心修养。亦非说宋明人只讲心性，而无人事实践。不过在畸轻畸重之间，各有不同而已。

四

故欲研究中国学术史，首须注重其心性修养与人群实践。换言之，须从学者本身之实际人生来了解其学术。若漫失了学者其人，即无法深入了悟到其人之学。故研究中国学术史，必特别注意各学者之人格，即学者其人之本身。此又与研究西方学术不同。在西方，一思想家，如卢梭、叔本华、尼采等，其人其学，可以分而为二，我们只注重其思想其哲学体系即可，其人不占重要。但如研究中国学术史，而忽略于此学者之本身，只注重其思想，不兼求其人格，即无法把握到其学术之主要精神所在。

尤其是中国学术传统主要在学为人。学为人，尽人事。中国人讲人事又有三大目标，即春秋时晋叔孙豹所提出的立德、立功、立言三不朽。此又非如西方人所谓之灵魂不朽，乃是在社会人群中，对人生德业、言行贡献上之不朽。此种不朽，从某一方面说，只大伟人始有。但从另一方面说，亦是人人皆能。最高的是心性修养为立德，其次治平实践为立功，又次为立言。只要是一有德人，便可说对人群有贡献。如做一孝子顺孙，贤妻良母，已是对其家庭有贡献。孔子所谓"孝乎惟孝，友于兄弟，是亦为政，奚其为为政"，即是此意。只要是一有德人，便即有言。子曰："学而时习之，不亦说乎！"孔子此言，只是报道其一己修养所得而已。故立功与立言，仍皆以立德为本源。中国文学界，通常认为李太白诗不如杜子美，柳河东文不如韩昌黎。李、柳之所以稍逊于杜、韩者，主要差别不在其诗文上，乃在自其诗文所反映出其作者所内蕴之德性上。此三不朽，各时代人对之亦各有所偏。如汉唐人重立功胜过于立言，宋明人重立言胜过于立功。要之，则皆须自德性出发，此乃中国学术传统最精微之特点，我们必须认取。

五

我在上面已说过，中国学术分两纲，一为心性修养之学，另一则为治平实践之学，亦即可谓是史学。我们如欲了解，如董仲舒、魏征等在政治上之贡献，或朱熹、王守仁等在学术上之贡献，无论如何，均须通史学。同时又须通心学。此"心学"一名词，乃系我个人所新创，与宋明儒所谓心学，广狭用意略有不同。当我们研究董仲舒、魏征、朱熹、王守仁诸人时，不可撇开其事功实践与人格修养，而单从其著作思想方面去研究。因中国人认为著书立说或建功立业，无论在社会任何方面做任何表现，同时必先有其一番心性修养，与其所表现之背后一种人格德性做根柢。此种心性修养与人格德性，究已达到何等境界，此事十分重要。

中国传统学术每喜欢评论人物，把人类分等第，如圣人、贤人、君子、小人等，此种皆自其心性修养与人格德性所到达之境界来分。即如三国时代曹操与诸葛亮，我们对此两人之评价，亦多不专注重在其事业上，亦不专注重在其文章学问上，主要乃自此两人之内心境界与德性学养做评判。此等评判标准，即是中国学术大传统之主要精神所在。诸葛亮六出祁山，在功业上并无大成就，然其对领袖之忠贞，其"鞠躬尽瘁，死而后已"之仁心诚意，则备受后人崇拜。当其高卧陇中时，抱膝长吟，自比管、乐。然又只愿"苟全性命于乱世，不求闻达于诸侯"。待刘先主三顾草庐，始许出膺艰巨。此等出处大节，更受后人仰敬。至于曹操，他曾对人说："宁我负人，毋人负我。"别人评他是"治世之能臣，乱世之奸雄"。尽管他能横槊赋诗，不愧为一代文豪，又其政治、军事各方面所表现，固能睥睨一世，高出辈流，但他还是备受后世之讥嘲与轻视。此等处，莫看作无关学术。有志研究中国学术者，必当先从此等处着眼。

中国学术是崇尚实际的，一切应自其人格境界与其历史影响两方面来做推究。孟子所谓"知人论世"一语，意即要知道某一人，必须从其人之一生之真实过程中做探讨做衡评。孟子所谓论世，似并不全如近人想法，只系专指其人之时代背景而言。从这一点上，再回到《大学》所提出的明明德、亲民与止于至善之三纲领来说，明明德是德性之学，亲民是治平之学，止于至善则是其最高境界。中国人所理想，人在群体社会中，所应向往所该表现的最高鹄的即是"善"。我们亦可说，中国整部历史，正是蕲向于此善。中国整个民族，也是蕲向于此善。此乃中国学术思想最高精神所在。若没有了这"善"字，一切便无意义价值可言。

六

我乘此再提出几点研究中国学术而常为近代所误解的历史事实来一谈。

第一点，近代一般人常说，自汉武帝表彰六经，罢黜百家，从此学术定于一尊。此说若经细论，殊属非是。东汉以后，庄、老道家思想复盛。又自魏晋南北朝以迄隋、唐、宋、明各代，佛学传入，蔚成为中国学术传统中重要之一支。如何能说中国学术自汉以后即定于一尊呢？

第二点，常有人以为，中国历代帝王利用儒家思想，作为其对人民专制统治的工具。此说更属荒谬。我上面说过，中国历史是盼由学术来领导政治，再由政治来领导社会，而学术则由社会兴起，非受政府控制。例如汉武帝立五经博士，当时朝廷所崇是今文学派，但此后民间所尊却是古文学派。魏晋南北朝时，政府亦还是崇尚儒学，然庄、老与佛学成为社会大风尚。唐代时，朝廷优遇沙门，佛教极畅行，但韩愈提出辟佛之呼声。政府以诗赋考士，而韩愈偏要提倡古文。宋代曾规定以王安石三经新义取士，司马温公首先反对。他的意见，谓不该以王安石一家言来做取士标准。又如民间学者如二程，其所提倡，显与朝廷功令相反，程伊川晚年被斥为伪学。朱子在南宋，亦曾被斥为伪学。他的《四书集注》，作为后来明、清两代考试取士标准。但如阳明学派，即在此处反对朱子的。清代考据学派，专一反对朱子。此中固亦未尝无门户之见，但在中国学术史上，往往在朝在野双方意见相反，常是在野的学术得势，转为此下政府采用，而又遭继起的在野新学派所反对。此在中国学术史上，是一项极该注意的大趋势。不明白此一趋势，便无法明白中国学术之真精神真贡献所在。

七

其次再从正面讲。我上面再三提及，研究中国学术，主要不越心学与史学两途。如《论语》首章孔子所说的"说""乐"与"不愠"，都是从内心处讲。此内心的品德学养，即成为其人之人格境界，亦即是人生真理所在。此项真理可以反而求诸己，故有如宋儒所云："不识一字，亦可还我堂堂地做个人。"讲学术而可以讲到不识一字，此亦中国学术之独著精神处。若不从我所谓心学着眼，几乎可疑此等说法不是在谈学术。

至如史学，同样是中国学术一大主流。若要真在修、齐、治、平上做真贡献，总须对过去历史有一了解，更贵能穷原竟委，窥其变迁，然后才能针对现实有所作为。我们甚至可说，中国学术主要均不出史学范围。孔子作《春秋》，即是史学开山。汉人崇尚经学，经学在当时，实即是史学，因其所讲不出周公、孔子治平实绩与其理想，皆属以往历史范围。后来古文学家所提出之《毛诗》《周官》及《左传》诸经，更见其近属史学。也可说后来中国儒学传统，大体不出经学与史学两大部门。而就经学即史学言，便见儒学也即是史学了。因此中国历史学家，其实也多是儒家分支。如魏晋南北朝，虽尚清谈玄言，但同时史学鼎盛。若我们逐一细究，诸凡当时有名的史学家，大体上均可说他们是儒家。因史学所讲，主要必有关修、齐、治、平。若其人只讲庄、老与佛学，自然不会对历史有兴趣。又如王肃、杜预诸大儒，虽被称为经学家，亦无不有史学精神贯彻在内。下至唐代，佛学最盛，文学次之，但史学并未中歇。如唐初诸臣修《晋书》与《隋书》，继之有颜师古、刘知几、杜佑等史家。宋代则史学尤盛，著者如欧阳修与司马光。南宋有吕东莱及浙东学派等。朱子后学，在元代如王应麟、胡三省、马端临诸人，皆在史学上表现。明初则有宋濂、刘基，虽不著史，但其留心史学是必然的。至明末时，大史学家辈出，如顾亭林、黄梨洲、王船山诸人，此等皆属儒家。甚至到清代，考据学大盛，其实此时所谓考据学仍应属于史学范围，只是较狭义的史学，亦仍是较狭义之儒学而已。

故在中国学术史上，史学所占地位极重要，堪与心学分庭抗礼，平分秋色。中国学术传统主要在如何做人，如何做事。心学是做人大宗纲，史学则为做事大原本。我们要研究中国学术，此二者一内一外，最当注意。欲明儒家学术，则必兼备此二者。

我又说过，中国历史原是浑融一体的。中国历史上的政治、经济、社会、学术等项，亦莫不皆然。我们该自一项制度之背后，究察其所以制定与推行此制度的居心与动机。若我们能把心学与史学配合研究，自见整个中国民族一部中国史的主要精神主要向往，大可用一"善"字来概括。我们所谓善人善政，善言善行，青史留名，只是此一善。此一善字，正是儒学中至为吃重的一字。但近代的中国人，偏喜用恶意来解释中国史，如说尧、舜、禹、汤、文、武所谓古代圣人，尽出后人伪造，即是一例。但我们纵说这些是后人伪造，亦足证明伪造此一派古代圣人的种种故事的人，岂不在希望这一部中国历史，能成为一部善的历史吗？后代人永远信受此伪造，亦见后人也都希望这一部中国历史能成为一部善的历史了。生于其心，自可见于其政。则此下的中国史，自不当专一以恶意来解释。西方人把真、善、美分开说，中国人则专一重视善，把美与真也要包进在善之内。我们研究中西学术与中西历史，自可比较见之。

近百年来，此中国学术传统中之两大纲，即心性之学与历史学，正日趋式微。此一巨变之后果，在今日，我们固无法揣测。但若我们要回头来研究中国以往学术，则此心学与史学之两大纲，总不宜放过不理会。此乃中国学术传统中之特殊点，所截然不同于西方者。我希望将来有人，能将中西双方学术思想，做一更高的综合，却不该先自菲弃了自己的。

我希望在今天的中国人中，能有少数中的少数，他们愿意抱残守缺，来多学多懂一些中国学术，来对中国历史文化理出一个头绪。这不仅对中国自己有贡献，也可对世界人类有贡献。

第六讲　如何研究历史人物

一

今天讲"如何研究中国历史人物"。

历史是人事的记录，必是先有了人才有历史的。但不一定有人必会有历史，定要在人中有少数人能来创造历史。又且创造了历史，也不一定能继续绵延的，定要不断有人来维持这历史，使他承续不绝。因此历史虽说是属于人，但重要的只在比较少数人身上。历史是关于全人群的，但在此人群中，能参加创造历史与持续历史者，则总属少数。似乎中国人最懂得此道理，因此中国历史记载最主要的在人物。向来被认为正史的二十四史的体例，特别重要是列传。可见中国人一向以人物为历史中心。故要研究历史，首先要懂得人，尤其需要懂得少数的历史人物。如其不懂得人，不懂得历史人物，亦即无法研究历史。固然也有人脱离了人和人物中心而来研究历史的，但其研究所得，将总不会接触到历史之主要中心，这是决然可知的。

第六讲　如何研究历史人物

我们研究历史的主要目的，或主要功能，是在希望人能成为一历史人物。一历史人物，比一专门史学家更重要。人群所需要者，乃是在此人群中，能不断有历史人物出现。才能持续旧传统，开创新历史。这比不断有史学家出现更重要。我此讲如何研究历史人物，也可说主要用意即在此。

二

但空说历史人物，势难从头列数，这究将何从说起呢？我此下将试把中国历史人物分作几类来加以述说：

第一类：先说关于治世盛世的人物与衰世乱世的人物。

有人幸而生于治平盛世，但亦有人不幸而生于衰乱之世。若说历史以人为主，要人物来创造来持续，则似乎在治平盛世所出人物必较多，又较胜。在衰乱之世所出人物必会较少，又较劣。惟其所出人物多又胜，因此才成其为治平隆盛之世。惟其所出人物少又劣，所以才成其为衰乱世。我想普通一般想法应如此，但根据中国历史看，却并不然。

中国历史人物，似乎衰乱世更多过了治盛世，又且强过了治盛世。我此所谓历史人物，乃指其能对此下历史发生作用和影响言。而此等人物，在中国历史上，显然是生在乱世衰世的，更多胜过生在治平盛世的。此有历史事实为证，不容否认。譬如孔子，是中国历史上第一大人物。但他生于春秋末期的衰乱世，霸业已尽，时代将变。可说此一时代，已濒临旧历史传统崩溃消失的末路，势已不可收拾，谁也挽

083

回不过此一颓运来。孔子以后,如孟、荀、庄、老诸子生于战国,论其时代,更不如孔子。那时天下大乱,残局日破日坏,更是无可收拾了。然论开创此后历史新局面,能在中国此后历史上具有无比的大作用大影响的人物,我们总不免要数说到先秦。试问先秦人物,岂不全是些衰乱世的人物吗?

继此再说到两汉。两汉之治盛,胜过先秦。但论人物,其在历史上作用之大,影响之深,则绝不能比先秦。又就一般言,东汉之治盛,不如西汉。但论人物表现,却可说东汉还在西汉之上。此即说,东汉人对此下历史之作用与影响,似乎更胜过西汉。因此后代人对东汉人物,也似乎较对西汉人物更重视、更敬仰。即就经学言,两汉经学首推郑玄。但郑氏已生在东汉末期。他身经党锢,下接黄巾董卓之乱,而死在献帝建安五年。他的一生,开始在东汉末的最衰世,而淹没在三国初标准的大乱世。但在中国学术史上,他是何等有作用有影响的一位大儒呀!

说到唐代,自然可说是治盛世。但唐代人物,开元以前转似不如天宝以后。宋代虽非乱世,亦可称衰世。但宋代人物,却超过了唐代。尤其在南宋末年,国家将亡,出一朱子。论其在学术史上之地位,尤应越出在郑玄之上。就其在宋以后中国历史上之作用与影响言,殆可上埒孔子。孔子与朱子,是中国史上前后两位最伟大的人物,却均出在衰乱世。

我们再讲到元代,可说是中国历史上之黑暗时代。任何衰乱世,均不能与此时期相比。元人统治中国,前后不到八十年，但在此时期中，仍出了不少人物。如元初有王应麟、胡三省与马端临三大史学家，他们的著作，直到今日，在中国学术史上仍有其不朽的地位。此三人对于此下历史上之作用与影响，可谓迄今依然。下到明初，一辈开国人物如刘基、宋濂等，也都在元代黑暗时期中养成。

明代之盛，堪与唐比。但明代人物更不如唐。王阳明出世时的明代，已是衰象呈露，大乱将起。下迨明亡，大儒辈出，比宋末元初更像样。如顾亭林、黄梨洲、王船山，近人称为明末三大儒，亦都堪称中国历史上的伟大人物。

综上所陈，可见在中国历史上，凡逢盛世治世，如汉、如唐、如明、如清，所出人物反而比较少，他们对此下历史之作用与影响也往往比较小。至于衰世乱世，如战国、如汉末、如三国、如宋、如明末，所出人物反而比较多，其对中国历史此下之作用与影响也比较大。我们若从二十四史中，把各时代人物做一全面的统计，便可知我前面述说之不虚。

诸位当知，此处实为中国历史文化传统中一项伟大精义所在。诸位如欲了解此中精义，可自试读《论》《孟》《庄》《老》诸书。凡此诸书中所陈述，何一非人生最高理想，何一非人类历史之伟大展望。但在他们书中，却不见他们时代的衰乱实况来。诸位如欲认识他们的时代，当另读《左传》《战国策》等史籍。诸位把此两方面会合看，便知他们之伟大处。他们虽生存在此时代之中，而他们的精神意气，则无不超越乎此时代之外之上，而又能心不忘此时代。他们都是我所谓能主持一时代，而又能开创一时代之大人物。历史只是人事记载，衰乱世自然多记载了些衰乱事。这些大人物，反而很少得记载上他们当时的历史，然而他们却转成为此下最伟大的历史人物。这道理也很明白，一人物生于治世盛世，他在当时某一事功上有所表现，他所表现的即成为历史了。但在事业上表现出其为一人物，而人物本身，则绝非事业可尽。因此，只凭事业来烘托来照映出一人物，此人物之真之全之深处，则绝不能表现出。人生在衰乱世，更无事业表现，此人乃能超越乎事业之外，好像那时的历史轮不到他身上，但他正能在事业之外表现出他自己。他所表现者，只是赤裸裸地表现了一人。那种赤裸裸地只是一个人的表现，则是更完全、更伟大、更可贵，更能在历史上引起大作用与大影响。

此项理论，实应为历史哲学上一大问题。我们固可说，所谓历史人物，则必须该在历史上表现出其事业来，才见其人历史性之伟大。人若不在历史上有表现，更何从见其在历史上之地位与价值。如此说来，衰世乱世人物，自然比不上治世和盛世。普通就一般历史言，似乎人物总该多出在治世盛世，一到衰世乱世，就再没有人物或没有更伟大的人物出现。但在中国历史上则不然。惟有中国，却能在衰乱世生出更多人物，生出更多更具伟大意义与价值的人物，由他们来持续上面传统，来开创下面新历史。他们的历史性价值，虽不表现在其当身，而表现在其身后。此即中国历史文化传统精神真价值所在，亦即是中国历史上一项最有意义的特殊性。

三

第二类：关于得志成功的人物与不得志失败的人物。

所谓得志，指其在当时活动上或说在当时历史舞台上有所表现。不得志者，则当其身跑不上历史舞台，或跑上了而其事业终归于失败。诚然，历史乃是成功者的舞台，失败者只能在历史中做陪衬。但就中国以往历史看，则有时失败不得志的，反而会比得志而成功的更伟大。此处所谓伟大，即指其对此下历史将会发生大作用与大影响言，而得志与成功的，在其身后反而会比较差。

且看中国古代历史上两大圣人周公与孔子。周公得志在上，奠定了周代八百余年的天下。孔子不得志，他尝说："甚矣！吾衰也！久矣，吾不复梦见周公。"孔子自叹其不能如周公，而道终不行。但孔子对此后历史上的作用与影响，反而比周公大。唐以前的中国人多推尊周公、孔子，唐以后便多转而推崇孔子、孟子，更少提到周公。故从历史眼光来说，周公反而不能与孔子比，这亦因周公在当时是得志而成功的人物。周公的全心与全人格，反而给他的得志与成功全代表去了，也可说全掩盖住了。孔子则是一位不得志而失败的人物，因此孔子的全心与全人格，反而更彰显地照耀在后世。

中国人又多爱崇拜历史上失败的英雄。对于在历史上成大功立大业的英雄，如汉代的卫青、霍去病，唐代之李靖、李勣等诸名将，反而比较不重视。如岳飞、文天祥、袁崇焕、史可法等，虽然他们在事业上失败了，反而更受后人敬仰崇拜。此又是中国人的传统史心与中国文化的传统精神所在。他们在当时虽失败了，但对后来历史言，却是成功的，而且是大成功。历史上每一时代的人物，必有成功与失败之分。但人能在失败时代中有其成功，这才始是大成功。在失败时代中有其成功，故能引起将来历史上之更成功。这一番道理，又是中国文化精义所在。

从另一方面说，卫青、霍去病、李靖、李勣诸人之成功，只表现在事业上，事业表现即代表了其人。我们可以说，卫、霍、二李，其人与其事业，价值若相等。但岳飞、史可法诸人，因为他们的事业失败了，故其事业不能代表其人，最多只代表了其人之一部分，而此等人物之整体性，则远超乎其事业之外。我们看卫、霍、二李，只见他们击匈奴、败突厥，觉得他们的事到此而止了。因而其人物之本身价值，反不见有什么突出性。但我们看那些失败英雄时，此等人物乃被其所努力之事业抛弃在外，因而其全心全人格反而感觉特别突出。宋儒陆象山曾说："人不可依草附木。"一有依附，其人格价值便会不出色。纵使依附于事业，也一样如此。失败英雄，因无事业可依附，而更见出色。

当知历史只是人事记载，人事则此起彼落，随表现，随消失。只有人，始是历史之主，始可穿过事态之流变，而有其不朽之存在。历史不断在变，故一切历史事态必然一去而不复。后一事不能即是前一事，但此一人物则永远是此一人物。只有人物模样，人物典型，可以永存不朽。事业到底由人物而演出。历史虽是人事之记载，但并非人事之堆积。事之背后有人，把事业来装点人，反把人之伟大真性减色了。正由此人在事业上不圆满，倒反把他那个真人显出来。

这并不是说，在历史上凡属成功的人物，皆是无价值。乃是说，遭遇失败的人物，在其深厚的历史上，反而更显得突出。此因人物之伟大，并不能专以其事业做代表。但此也须人物自心能识得此理，又须有史学家能为此阐发。因此我说这是中国的史心，亦正是中国历史文化传统之真精神所在。

四

第三类：要讲到有表现的人物与无表现的人物。

刚才说到，中国历史上有许多失败人物为当时及后世史家所推尊颂扬，他虽然失败，但总是有所表现了。此下所讲，则从一个人之有无表现来说。我们通常听人说，某人无所表现，似乎其人无所表现即不值提。但在中国历史上，正有许多伟大人物，其伟大处，则正因其能无所表现而见。此话似乎很难懂，但在中国历史上，此种例，多不胜举，亦可说此正是中国历史之伟大处，也即是中国文化之伟大处。

例如吴太伯，又如伯夷、叔齐，在历史上皆可谓无所表现，而为孔子所称道。孔子曰："泰伯其可谓至德也已矣！三以天下让，民无得而称焉。"又曰："不降其志，不辱其身，伯夷叔齐乎！"似乎孔子乃在其无表现中赞扬其已有所表现。而且是表现得极可赞扬。我们也可说，此乃是在人群社会中，在历史上，一种不沾染不介入的表现，一种逃避脱离的表现。

孟子也常称颂伯夷，他说："伯夷，目不视恶色，耳不听恶声。非其君不事，非其民不使。当纣之时，居北海之滨，以待天下之清也。故闻伯夷之风者，顽夫廉，懦夫有立志。"他的称颂伯夷，大意亦与孔子相同。孟子又将伯夷、伊尹、柳下惠并称为三圣人。他说："伊尹圣之任，伯夷圣之清，柳下惠圣之和。"尧、舜、禹、汤、文、武、周公，是在政治上得志成功的人。伊尹为汤相，亦是政治上一得志成功人物。但伯夷、柳下惠，则并无表现，并无成功，孟子却将他二人与尧、舜、禹、汤、伊尹相提并论，同称之为圣人。

后来太史公作《史记》，此为中国正史之创始，为二十四史之第一部，其体例之最重要者，厥在其以人物为中心，而特创列传一体。但太史公又将《吴太伯世家》列为三十世家之首，将《伯夷列传》列为七十列传之首。他在《伯夷列传》中，屡屡提到因于伯夷之无所表现而无可称道，甚至其人若犹在或有或无可信可疑间，只因孔子称颂了他。太史公又用颜渊做陪衬，他说："七十子之徒，仲尼独荐颜渊为好学，然回也屡空，糟糠不厌，而卒早夭……"其实颜渊也就无所表现，故太史公引来推崇伯夷无表现之伟大，而褒然列之于列传之首。

在孔子七十二弟子中，颜渊似乎是最无表现的。孔子说："吾与回言终日，不违如愚。退而省其私，亦足以发。回也不愚。"又曰："贤哉！回也。一箪食，一瓢饮，在陋巷，人不堪其忧，回也不改其乐，贤哉！回也。"颜渊死，孔子哭之恸。并说："非夫人之为恸而谁为？"然颜渊在孔门到底是无表现，不能与子路、子贡、冉有、宰我诸人相比。故太史公亦云："伯夷、叔齐虽贤，颜渊虽笃学，得孔子而名益彰。"可见孔子最能看重人物之无表现之一面。孔子目此为德行，吴太伯民无得而称，孔子却称之为至德。德行在孔门四科中高踞第一。太史公作《史记》可谓深得孔子之意。

以下中国历史上遂搜罗了极多无所表现的人物，而此等人物，亦备受后世人之称道与钦敬，此又是中国历史一特点。故我说此乃中国之史心，亦即中国文化传统精义所在。诸位只有精读中国史，深研中国历史人物，始能对此有了悟。

让我姑举数例以做说明。如春秋时代之介之推，战国时代之先生王斗，西汉初年之商山四皓，及鲁两生。循此以下，如东汉初年的严光，此人对历史亦一无表现，但后人永远觉得他是一个了不起人物。汉光武即帝位，以前长安太学中同学，均已攀龙附凤，功成名遂。独严光隐身不见。光武思之，乃令以物色访之，久而后得。帝从容问光曰："朕何如昔时？"对曰："陛下差增于往。"因共偃卧，光以足加帝腹上。除谏议大夫，不屈。乃耕于富春山，后人名其钓处为严陵濑。这一番故事，虽若有表现，只可说是无表现，亦可谓是表现了其无表现，此等更说不上得志与成功。似乎

091

他既不像有志，亦不求有功。又如宋初陈抟，居华山修道，恒百余日不起。又有林和靖，隐居西湖孤山，垂二十年，足不履城市，植梅畜鹤，时谓其梅妻鹤子。此等皆同为后世称道。我们今天如去富春江畔，或去西岳华山，或去杭州西湖，自然知道对这些人心焉向往。即使我们并不亲历其境，但也多知道他们的姓名，对于他们那种无所表现的人格，亦可谓乃只表现一无表现的人格，还像历历在目，这也真是怪事。

又如三国时代，英雄人物层出不穷，大家各显身手。可谓在此时代中人，必是各有表现者。然亦有无所表现，而被认为第一流人物的，如管宁即其一例。管宁在当时，实是一无表现。但论三国人物，管宁必屈首指。他少时曾与华歆同席共读，遇轩冕过门，歆废书往观，宁即与割席分坐。魏明帝时，华歆位至太尉，欲逊位让宁，宁终不就。看来歆虽佩服宁，宁终不重视歆。史书称其"虽出处殊涂，俯仰异体，至于兴治美俗，其揆一也"。此亦孟子所云禹、稷、颜回同道之意。其实管宁固可比颜回之不出，而华歆又岂得与禹、稷相提并论。要之，中国史家喜欢表彰无表现之人物，真是无微不至。论其事业，断断不够载入历史。但在其无表现之背后，则卓然有一人在，此却是一大表现。这意义值得吾们深细求解。

又如诸葛亮，好为梁父吟，每自比管仲、乐毅。他并不是不能有表现，却又不想表现。后来刘先主三顾草庐，始肯出许驰驱。他在《出师表》中说："苟全性命于乱世，不求闻达于诸侯。"今且问，此两语是否当时诸葛真意？我且举其友作证，一是徐庶，他知诸葛最深，应亦是一有作为人。初事刘备，曹操获其母，庶乃辞备归操。虽仕至御史中丞，然在历史上，终不见徐庶曾为曹操设一谋，划一策。其人便如此无表现而终了。又一人如庞德公，时荆州刺史刘表屡以礼延，不能屈，隐鹿门山，采药以终。诸葛孔明常拜于其床下，可见其人亦非不能有表现，只是宁为一无表现人。徐、庞如此，故知若非刘先主三顾草庐，诸葛定亦永无表现如徐、庞。

五

我们当知诸葛《出师表》两语中，全性命是大事。懂得要全性命，自然无意求闻达。中国历史上此种无表现的人物，真是各时代都有。他们的本领，亦只在全性命。正以全得性命，所以成得一人物，而且是至高卓至伟大的人物。我们若能汇集起写一书，即名"中国历史上之无表现人物"。此书亦可有大作用，大影响，至少在阐发史心，宣扬文化传统上，可有大贡献。

此种尊崇无表现人物之传统，又影响到小说。如唐人《虬髯客传》，即是故意要描写一个无表现之英雄。又如《水浒传》叙述梁山泊一百零八好汉，开始却有一位八十万禁军教头王进，此人如神龙见首不见尾，也是一无表现人物。《水浒传》作者，把此一人闲闲叙在前面，真使后面忠义堂上宋江以下一百零八位好汉，相形减色。此种笔法，可谓与太史公《史记》三十世家以吴太伯为首，七十列传以伯夷为首，有异曲同工之妙。可谓是能直探史心的一种大手笔，诸位莫轻忽过。

今天诸位也可说是各处在衰乱之世，不免有生不逢辰之感。然诸位一读历史，知道研究历史人物，便知我们尽可做一不得志和失败的人，或甚至做一无表现之人。这一时代是失败了，但处此时代之人，仍可各自有成，并可有大成。只要人能有成，下面时代便可挽转，不使常在失败中。若人都失败了，则一切完了，下面亦将无成功时代可期。孟子曾说："禹、稷、颜回同道，易地则皆然。"禹、稷是有表现的人，颜回则是无表现的人，这只因时代不同。但不论有表现无表现，历史传统，文化精神，却同样主持在他们手里。孟子又说："人必有所不为而后可以有为。"不为正是无表现。所以若时代不许可，我们尽可不强求表现。一旦时来运转，风云际会，到那时自有出来表现的人。"留得青山在，不怕没柴烧。"保留得有人，还怕历史中断吗？

昔范仲淹作《严子陵先生祠堂记》，末后两句为"先生之德，山高水长"。有一人说，"德"字不如改作"风"字，范公欣然从之。上面说过，孔子四科，德行为首，而颜回、闵子骞、仲弓、冉伯牛那些德行人物，却都是无表现的人物，故范仲淹以"德"字来称颂严光，并不错。但改为"风"字，则更含深意。德指其人之操守与人格，但此只属私人的。风则可以影响他人，扩而至于历史后代，并可发生莫大影响与作用。孔子说："君子之德，风。小人之德，草。草上之风，必偃。"孟子亦云："圣人，百世之师也，伯夷、柳下惠是也。故闻伯夷之风者，顽夫廉，懦夫有立志。闻柳下惠之风者，薄夫敦，鄙夫宽。"但孟子只言伯夷、柳下惠之风，却不说伊尹之风，此何故？岂不因前两人无表现，而后一人有表现？在事功上有了表现的人，反而对后世的风力少劲。因事功总不免要掺杂进时代呀，地位呀，机缘呀，遭遇呀，种种条件，故而事功总不免滞在实境中，反而无风，也不能成为风。惟有立德之人，只赤裸裸是此人，更不待事业表现，反而其德可以风靡后世。在严子陵本人当时，只是抱此德，但经历久远，此德却展衍成风。故说"先生之德，山高水长"之德字不如改风字，更见深义。否则有德之人，岂不成为一自了汉，与世无补，又何足贵？

在中国历史上，正为有此许多衰世乱世的人物，有此许多不得志而失败的人物，有此许多无表现无作为的人物，才使中国历史文化绵延不辍，直到于今，经历了四五千年的长时期，而依然存在。故我劝诸位，处衰世乱世不足怕，就是不得志或失败了，亦不足怕。甚至于无所表现无所作为，同样不足怕。主要的在如何成得一人物。有了人物，下面自然会不断有历史。但如何才算得一人物呢？此正是我这一讲演所要提出，请诸位去细心研究的。

六

上面所说，似乎像指中国古人所谓立德、立功与立言的三不朽而言。德指的人格方面，功指的事业方面，言指的思想与学术方面。现在再就中国的文学方面略有陈述，文学不必全是立言。中国历史上最受后代崇拜的三大文学家，屈原、陶渊明与杜甫，此三人，皆为众熟知。屈原可说是一位在政治上不得志而失败的人物，陶渊明则是一位不愿有所表现的人物，杜甫则是意欲求有表现而终无机会让他表现的人物。他们均以自己一份赤忱的热情，透过文学，而表达出他们各自的心志来。上面说过，人在治世盛世，功成志得，有所表现，别人反而对他为人不易有更深的觉察。惟在衰乱之世，不得志，失败了，或是无表现，这样的人，反易使人深切看出他的内心意志来，如上三人均是。

不但文学如此，艺术亦然。如宋末郑所南画兰，即是最好之一例。又如元末高士倪云林，明末八大山人与石涛等，此等诗人画家在历史上可谓一无表现，但历史却在他们的艺术与他们的诗文上表现出来了。他们无事功可表现，所表现的则是他们之心志。由他们之心志，可以想见他们之时代，故说历史在他们之诗文艺术上表现了。故中国人之文学，非纯粹之文学。中国人之艺术，亦非纯粹之艺术。重要者，乃在其内心意志一面。一人在事业上无表现，旁见侧出在文学艺术作品中来表现，这亦是中国文化传统真精神之一脉。他其人可以不上历史，但历史却在他身上。他可以无表现，但无表现之表现，却成为大表现。中国有许多历史人物皆当由此处去看。

我在此将特地提出一"志"字。中国人常言"志士仁人"，人若无志，便亦不仁。但其所志，亦正贵在此一仁字上。孔子说："吾十有五而志于学。"又说："匹夫不可夺其志。"诸位如须研究历史人物，却须先具一"彼人也，我亦人也，有为者亦若是"之志。若没有了此志，则古人自是古人，历史自是历史，和我渺不相涉，总研究不出一所以然来。

昔顾亭林尝云："易姓改号，谓之亡国。仁义充塞而至于率兽食人，人将相食，谓之亡天下。"又说："知保天下然后知保国，保国者，其君其臣，肉食者谋之。保天下者，匹夫之贱与有责焉。"亭林所谓保国与亡国，是指一国之政治言。所谓保天下与亡天下，则指民族文化之绝续言。我上面所说那些历史人物，则多是有志保天下的人。他们在历史上，有许多亦仅只是一匹夫。但文化绝续、时运兴衰之大责任，他们却把己身来担起。

我们今天所处的时代，或许比历史上任何时代更衰更乱。可是我们的处境，比起古人来，实未见困难更甚。如我们能设身处地，平心去研究我们历史上许多处衰世乱世的人物，许多不得志失败的人物，甚至许多无表现无作为的人物，便知今天的天下兴亡，我们也实在责有难逃。若我们脱离现实，只驰心空想汉唐盛世，只驰心空想一旦得意来做一个历史上成功的人物，则深恐河清难俟，我们也只有嗟叹终老，但也好因此把我们的责任交卸净尽了。

《易经》上亦说"天地闭、贤人隐"，隐了自然没有所表现。中国文化之伟大，正在天地闭时，贤人懂得隐。正在天地闭时，隐处仍还有贤人。因此，天地不会常闭，贤人不会常隐。这些人乃在隐处旋乾转坤，天地给他们转变了，但别人还是看不见，只当是他无所表现。诸位想，这是何等伟大的表现呀！诸位若有志，不妨来搜罗隐逸，写一部中国贤人传，把中国历史上那些无表现的人物，自许由、务光、吴太伯、伯夷、叔齐起，从头叙述。我想只在正史上，又何止有千百人。他们之无所表现，正是我们日常人生中之最高表现。诸位若再搜罗到各地地方志，及笔记小说之类，更可找出很多这类的人物。这是天地元气所钟，文化命脉所寄。今天我们只看重得志成功和有表现的人，却忽略了那些不得志失败和无表现的人。因此也遂觉到自己并无责任可言。诸位当知，中国历史所以能经历许多大灾难大衰乱，而仍然绵延不断，隐隐中主宰此历史维持此命脉者，正在此等不得志不成功和无表现的人物身上。

但在今天，我们心目中已无此等人物的地位存在。纵使尚有隐了的贤人，我们也将觌面不相识，此实是中国文化的极大不幸极大危机。我们当求再认识此等人物之可贵。人或问，我一匹夫，怎能负起天下兴亡之大责？其实匹夫也好，匹妇也好，只要他能像像样样地做一人，便是此责已尽。

从人物来讲历史，近人或许已认为是落伍了。至于研究历史而注意到这些无表现的人物，近人将更认为此与历史无关。此话亦不错，此等人本可以不载入历史。但历史的大命脉正在此等人身上。中国历史之伟大，正在其由大批若和历史不相干之人来负荷此历史。诸位今天，也莫要认为自己和历史不相干，诸位亦正该负荷起此历史之重任。

或有人问：你是讲历史的，将来中国前途如何，你该有一看法。其实我亦哪能烛见未来。我只见向来历史是如此，在此乱世，我亦只能说："苟全性命，不求闻达。"诸位或许又会问，现在时代变了，人人得有一份自由，该有一番表现，为何却要置身事外做一无表现的人？此则又须回复到我上次所讲修身、齐家、治国、平天下的话题。当知各人的成败，全视其"志""业"。但业是外在的，在我之身外，我们自难有把握要业必成。志则是内在的，只在我心，用我自己的心力便可掌握住。故对每一人，且莫问其事业，当先看其意志。

中国古人又说"诗言志"，中国人有时把此志只在文学中诗中来表现。若我们把西方人观点来看中国人，有时觉得像是不积极，无力量，无奋斗精神。我亦常说中国史像是一首诗。但诗中有志，看似柔软无力，却已表现出无限力量。诗可以风，我们不得已而思其次，不治史，姑且学诗。中国诗里的理想境界，则必是具有风力的。风来了，万物滋生。诸位若能从诗中披拂到一些古人之风。诸位又若能把此风吹向他处，吹向将来。诸位当知风是无物能阻的。风大了，自能所向披靡。且待我们大家来吹嘘成风吧！

第七讲　如何研究历史地理

一

今天我的讲题是"如何研究历史地理"。

有人说，历史等于演戏，地理则是历史的舞台。此譬实不切合。一群演员，可以在任何戏台上演出同样的戏来。但历史演员，则正在此特定的地理上演出。地理变，历史亦变。在这一舞台上演的戏，不一定能在另一舞台上演。上帝创世，先造地，后才造人。这世界各处地理不同，人生长在各地上，也就得不同。各地的气候、物产、交通情况等各不同，于是人亦因地而异。非洲人固不同于因纽特人，希腊人亦迥异于蒙古人。地不同，人不同，因此历史演变亦不同。孔子不能出生在印度，释迦牟尼不能出生在耶路撒冷，耶稣亦不能出生在中国，此有地理和历史的双重限制。

中国古时，常把天、地、人三位合在一起讲，这是有一番极大的现实真理在内的。故研究历史，同时要懂得地理。若把天代表共通性，地则代表了个别性。人处于共通的天之下，但必经由个别的地，而后再能回复到共通的天，此为人类历史演变一共同的大进程。人由个别性回归到共通性，亦为人类文化理想一项大目标。只有中国历史深明此义，并亦一贯保持此趋向。欧洲历史则不然。他们的个别性胜过了共通性。换言之，他们的地域限制，显示出其在历史上之特别重要性。如希腊、罗马史，都显示出有一种地域区分。现代英、法、德、意诸国，亦显示其乃由地域区分而演出。西洋史因受地域性之限制，而成其为分裂的。中国历史则总是合而为一。自始到今，只是一个中国。

若我们另用历史区域一名词，则整个中国总在此区域之内。所包容之地理分别，纵是依然存在，可是因其上面有一历史区域之共同性，超越了此地理区域之个别性，而包盖涵容了它，因此中国历史上的地理区别之重要性遂不易见。中国历史是包容着广大地域，不分裂的。

讲到历史时期，西洋史是断续的。如希腊史断了，接上的是罗马史。中国历史则不然，我们绝不能说春秋史断了，接上来有战国史。战国史断了，接上来有秦汉史。中国历史只是涵气内转，一贯直下。故中国历史区域大，时间长，因而其一切变动都隐藏在历史内部，看不出，分别不易。中国的历史地理，好如一大舞台，一批批演员此进彼出，所演的是一本本的戏。但老在此舞台上，外表看似单纯，而实际则甚复杂。西方历史则一反于是。时时改变舞台，不仅演员变，甚至舞台亦变。故西洋史之复杂性显在外，即在其地理上，千头万绪，一见便知其不单纯。其实中国的历史区域所包容的地理区域之复杂性,绝不单纯于西方,而且更远为复杂。一部中国史,几等于全部欧洲史。

读西方史,其各地区之相互斗争与彼此起落,颇易见。读中国史,其各地区之相互融和与彼此配合,其事却不易见。故如不明了中国地理之复杂性,便不可能深切了解此一中国历史区域之单纯性之表现之伟大意义与价值之所在。故学习中国历史,更应先熟谙中国地理。姑从最浅显处说,如治春秋史,若我们不知道晋国在哪里,楚国在哪里,齐国、鲁国在哪里,秦国、吴国又各在哪里,试问我们如何能了解得春秋史。又如读自秦以下的历史,东汉和西汉不同,宋和唐不同,明又和宋不同,这里面有很大的地理背景不同,疆域不同,首都不同,国防形势不同,经济命脉不同,种种有关地理状况之不同之极大差异在内。因此我们若不明白各时代的地理情况,便不易明白到各时代的历史事实。

再进一步就东西双方历史大趋势言,西洋历史是转动的,自小地面转向大地面,自低地转向到高地,自温暖地区转向到寒冷地区。一部欧洲史从希腊开始,转向到罗马意大利半岛,又转向到西班牙、葡萄牙,再转向到荷、比、英、法诸国,再转向到德意志,直至今又转向到苏俄,其在地理区域上之轮转动态,大致如此。中国历史趋势,不好说是转动的,只好说是展拓的。中国史是最先从某一狭小地区,展扩到广大地区去。由是而再从广大地区推拓到较狭小的地区,从高燥地带推拓到低湿地带,从寒冷地区推拓到温暖地区的。此一不断推拓的过程,即自北方黄河流域推拓到南方长江流域，再推拓到更南方的珠江流域，其大势是如此。此为在中西双方历史区域中，所包涵之地理背景之一个绝大区别。更主要的，乃在其动的形态上。我们若能自此着眼来研究中西历史，似乎更可对中西双方历史所表现的不同趋势与不同精神，了如指掌。若我们把握到此一大概念，再向里深入，便可有许多更深邃更重大的发现。而主要则在研究历史的同时能注意到它的地理背景。

讲到一个历史区域在地理上的不断推拓，只有美国与中国有相似处。美国自十三州开始，由北向南，自东向西，地面继续开辟，而仍只在此同一历史区域之内。这与古罗马以及近代英、法诸帝国主义之向外征服绝不同。一是凭其国力富强，仅是一种地理区域之扩展。一则表现其文化精神以及历史区域之放大。若使美国没有近百年来之西部发展，美国文化当不能有今天的情形。也正如中国古代北方若没有向南方长江流域扩展，也不能有秦、汉以后之成就一般。若论往日之大英帝国，曾有一时期，见称国旗所插处永不见日落。但疆土推拓，即与文化进展无关。英国人仍只是此英国人，就其文化精神言，则仍限在英伦三岛。正如东方往昔之蒙古帝国，铁骑所至，蹂躏欧、亚，但与蒙古民族之原先文化殊无补益。

中国之伟大，正在其五千年来之历史进展，不仅是地区推扩，同时是历史疆域文化疆域也随而推扩了。美国之西部推拓，只不过百余年历史，自然也不能与中国相比。中国历史文化传统之伟大，乃在不断推扩之下，而仍保留着各地区的分别性。长江流域不同于黄河流域，甚至广东不同于广西，福建又不同于广东。中国民族乃是在众多复杂的各地居民之上，有一相同的历史大传统。上天生人，本是相同的，但人的历史却为地理区域所划分了。只有中国，能由分别性汇归到共通性，又在共通性下，保留着分别性。天、地、人三位一体，能在文化历史上表现出此项奇迹来的，则只有中国了。

二

以前学者研究历史地理，多先注意看两部书，一是《禹贡》，一是《汉书·地理志》。两书相比，后者似更重要。不论《禹贡》是否战国人伪撰，在《禹贡》书中，亦只注意在政治和经济方面。而《汉书·地理志》则开始注意到各地区的文化背景。因为各地区气候、生产、交通种种条件不同，而影响到人生文化方面者，其事极深微。要之，各地居民，相互间性格有不同，风俗习尚有不同，心理状态与精神活动都可有不同。《汉书·地理志》根据《诗》十五国风，来叙述推论当时各地区之历史传统和文化特点。此一体统与特点之提示，大值我们注意。惟春秋时代十五国风所咏，大部还是在中国北部黄河流域。我们若细分之，也可说，《诗》中《雅》《颂》部分，是代表着古代中国之西方。十五国风，则代表着当时之东方。但后来中国疆域不断扩大，由黄河流域到长江流域，而中国乃有南北之分。如战国时，庄子、老子都是淮河流域人，楚辞产生在汉水流域，然在古人已都目为是南方了。

当时人，对南北地域人物思想不同，生活态度与精神动向不同，已早有注意。我们也可说，道家思想与楚辞文学，已是中国古代文化中，随后加进的新产物了。但后来中国疆土开拓，愈推愈南，到三国时代，北方有魏，南方有蜀与吴。此后经五胡之乱，大批人从北方迁移到长江流域，而有南北朝之对立。到此时，中国又正式扩大了南方一片新的历史疆域。在中国文化中，又加进了很多新的成分，引起了很多新的变动与新的配合。到唐代，南北又融和为一。下经安史之乱，南部重要性日益增高，自五代十国迄宋代，南方的重要性竟已超过了北方。我们也可说，唐以前中国文化的主要代表在北方，唐以后中国文化的主要代表则转移到南方了。

南宋以下，中国历史疆域愈往南推拓，极南部的珠江流域亦变成中国历史上极重要的一部分。此时长江流域已成为中国的中部，淮南已成为北方，所谓南方便让给珠江流域了。在古代，五岭以南，虽已早属于中国之版图，但也可说尚未加入中国文化的大统。唐代广东人在政府中任高职的，只张九龄一人，他是曲江人，还是在广东的较北部。至于闽人考进士的，要到韩昌黎时代才有。但佛教禅宗六祖慧能，竟可说他在中国创立了新宗教，其对后来影响之大，甚少人能比。慧能亦是粤人，惟大致说来，唐以前广东著名人物究不多见。

孔子在中国历史人物中是最伟大的，后来惟南宋朱子，其影响之大差堪相随，而朱子实为一闽人。故在唐以后，中国南方出了两大伟人，即慧能与朱子。南方地区对中国文化上之贡献，可谓已超越了北、中两部。直至近代，南方影响更大了。如太平天国起于粤，平定洪、杨者多属湘人。民国开创，孙中山、黄克强以至蔡松坡，都生在湘粤。近十年来，大陆的毛泽东，也是湘人。撇开其成败是非功罪于不论，可谓南方人在中国历史上占有重要地位，实自现代开始。大致来说，古代中国是北方人的，长江以南地区正式露头角占地位要自唐宋始，珠江流域出生历史人物则为更后之事。

三

上面当然是一种极粗略的叙述。古代北方，后来已被称为中原了。所以中国历史上之地理推拓，应列为研究中国历史主要一项目。若我们亦如研究西洋史般来研究中国史，把此历代区域中之地理背景，一一加以分别，逐地逐区，隔开来看。其人物性格，其社会风尚，其经济荣枯，其文化升降，各方面均可发现出无限复杂，无限变动，并可有无穷妙义为前人所未加注意者。但更重要乃在中国如何能将此不同地域之不同的人文背景，不同社会，不同性格、嗜好、心理倾向与精神向往等多方面之人群，会通和合，冶之一炉，使其同成为中国人，镕铸成一个中国文化，展演出一部中国历史来。

此事以往在中国，似乎不成一问题。但我们现在面对着一部欧洲史，看他们直从希腊以来，永远是分崩离析，各自立国，互不合作。虽面对大敌，危机在前，其各地区之不能融和相协，依然如故。但中国何以能至于大一统，能将不同地区，不同性格，不同风习之人群，共同陶冶在同一文化系统之下，共同来创造此一历史传统？中国之地理扩展，并非如西方帝国主义凭武力来向外征服，而是一种自然的趋向于文化的凝聚与统一。因此，西方历史看似复杂而实单纯，其复杂在外面，而内里则单纯。中国历史看似单纯而实复杂，其单纯在外面的形式，而内里精神则实是复杂。西方历史上之所谓英国人、法国人，只似一种化学单位。而中国历史上之中国人，则似化学上一种混合制剂。

我要问诸位，未来世界人类前途究该永远分裂抑宜融和相通？如果答案肯定在下一面，则未来的大同世界，应非采用中国理想走上中国人的历史道路不可。正因世界上惟有中国人无地域偏见，无民族偏见，而能高揭一文化大理想来融通各地域，调和各人群。尤其是中国儒家能力持此一理想，并亦有以往历史可为作证。如西方各自分开，各求发展，总会有毛病。如中国，统诸异，求一同，愈统便会愈复杂，愈融和便愈变化。若非细参中国历史，诸位或许不易接受此说法。

今天的西方人，讲历史人类文化前途，似乎均带有一种悲观气氛。其实西方人自有历史哲学以来，便是带有悲观气氛的。此话如何说起？如西方历史哲学家黑格尔，他认为人类最后命运当掌握在日耳曼民族手中。此一观念，便已是悲观的。难道上帝特为日耳曼人来创造此世界的吗？讨论人类文化前途，自应高瞻远瞩，不应专着眼在日耳曼一地域与日耳曼一民族。此下马克思的辩证唯物史观，亦属悲观论调。他说资本主义社会必然崩溃，共产主义社会必然兴起，全世界无产阶级必然有一天会联合起来打倒目前的资本主义。至少此项观念对西方来说是悲观的。只因马克思是犹太人，他本人对西欧文化本无切身痛痒，故由他说来，好像不觉是悲观。犹如黑格尔是日耳曼人，他为自己民族自豪自吹，他看世界人类文化命定地要转落在日耳曼人手里，在他意想中亦不觉是悲观。但由对方看来，则实际是一种悲观。

今天的苏维埃，把自己置身于西欧之外，他们崇奉马克思，认为人类前途则必然在他们手里，他们觉得是一种兴奋，不感其是悲观，也正如黑格尔给予日耳曼民族以一种兴奋，而不觉其悲观一样。从前人不察此理，认为西方悲观历史哲学，自德人斯宾格勒始。其实当推溯到黑格尔。故我说西方人讲历史哲学，是彻头彻尾有悲观倾向的。若问其何以如此，则因其不能摆脱地域偏见，民族偏见，乃至阶级偏见故。

当前英国文化史学者汤恩比的文化观，亦是悲观的。他以生物学上的刺激与反应说，来阐释人类文化的发展。其实就近代西方文化言，他们的富强力，早足以征服世界，宰割世界。在他们外面，并不能有何力量来刺激他们。他们之病象，乃由他们内部生出，而非外界所给予。汤恩比并未能深切看出人类文化以前与以后之真问题、真症结之所在，故他列举世界人类文化，乃至分成七八十种之多。可知汤恩比讲人类文化，依然限于地域分隔，不能调和融通来看。若尽依此地域与民族之分隔看法，则只在英伦三岛，也可有爱尔兰起来自闹独立。宜乎世界各地文化，永远不能超出生、老、病、死之轮回悲剧了。更可笑的，是汤恩比将人类文化分成西方与东方两部，而将今天的苏俄硬派到东方来。其实共产党鼻祖马克思，原籍在德国，其血统则出犹太。逃亡伦敦，从事著作，他个人纯系在西方环境中培养而成。他的历史哲学，也全根据西方历史作证。无论如何，共产主义不能算是东方文化中的出品。

四

上帝创世，先造地，后造人。复杂多异的人，生于复杂多异之地面上。耶稣曾说过："上帝的事归上帝管，恺撒的事归恺撒管。"但不幸恺撒是一罗马人，先是地域性把他限了，他又如何能管理全部地面上的人呢？西方观念之悲剧性，正在不脱离此狭隘地域性的束缚之一个原因上。有的中国人也信了斯宾格勒之说，有的认为中国文化到战国以后就停止了，或竟是熄灭了。有的认为唐以后中国文化是停止了，熄灭了。但我并不如此想。即论西方文化，也并没有死去。自希腊、罗马以迄今日，直到苏维埃，均是欧洲文化在演变。若限于地域观念，则感到希腊、罗马文化都死了。

中国文化之到今仍能存在，只用历史上的地理分析，也可用来做说明。中国历史上每经一次大乱，必有大批人士，由其原地址流亡迁徙到新的区域去。一个文化在某一地区的一个社会上一长久，便会因种种关系而呆滞停顿下来，不再能前进。但正如植物一样，如果施行接枝移植，便又会重生新枝，再见发荣。一粒种子，播到新的疆土，遇到新的养料，便会产生新的生命。

西汉末年，长安已残破。东汉末，洛阳又成一片荒墟。五胡之乱，一部分中国人迁往辽东，一部分迁往西凉。待到北朝兴起，此两支人再汇合起来，茁长了新生命。其大部分迁往长江以南的，则成立东晋与南朝。此下南北朝再经汇合，即有唐代新盛运兴起。此种文化新生，乃因新地域得来。譬如佛教传来中国，也得到了它的新生命。佛教在南方，遇到一不识字的慧能，即创立了禅宗，成为佛教后起一大生命。又如儒家，本在中原北方，到宋代新儒家便大部是南方人。中国文化永远在大地面上，因于不断的播迁，反而生发了文化新生。如能照此路线深入做研究，亦可阐述出中国文化所以能绵亘四五千年而长见其不衰不老之一个理由来。

讲到此处，我不禁想到今天海外各地遍布中国流亡人士的足迹。我认为经过这一次新的播迁，可能又酝酿出中国文化此下的新生命。将来此大批流亡人士，必然有一天会回到祖国，在中国历史上必然会有一番新配合与新开展，这是根据以往历史而可推想其可能的。斯宾格勒的历史悲观论，只因为他们限于一地域，限于一民族，把来各自独立分开算，则一个地区衰了败了，便像无法再站起。如把中国历史来看，岂能说齐国亡了，鲁国亡了，吴国亡了，越国亡了，他们各国间的文化也就中断不见了？若西欧人也能如中国般，早就融凝成一个大国家，早就陶铸为一个大民族，他们的文化，岂不也会和中国般长生不老吗？

故就中国以往历史事实言，中国的文化新生，与其一番新力量，大体均系在新地面新疆土上产生。故我谓中国文化之发展，乃系随于新地域之转进而扩大。诸位不妨自史籍中细心找寻数据，为此作证，大可写成一册数十百万言的巨著来，将为世人讨论人类文化问题者一新耳目。

当然上面所说，只是一番极粗略的叙述。即如古代中国之北方，后来也被称为中原了。中国历史上的地理展扩，同时即是文化展扩，此中大有值得研究处，我只借此处指出，供诸位做参考。

五

现在也有人说，西方文化发生在都市，中国文化植根在农村，此语亦有理。但中国也有都市，西方也有农村。只是西方都市其形势常是对外的，它们都市中之工商业，必求向外伸张，以求维持此都市之存在与繁荣。因此都市与都市间，也成为各自独立而又互相敌对之情形。中国都市则由四围农村向心凝结而成，都市与农村相互依存。农村既是大片地存在，都市与都市也相互联络融和合一。因此西方帝国主义，同样是向外伸张。而中国历史上之地理推扩，则亦同样只是一种向心凝结。帝国主义之向外伸张，外面殖民地可以叛离而去。中国文化之地理推扩，则在其文化内部，自有一向心凝结之潜力存在。但由上面再引申，近似玄论。我们试再归回到本题上。文化推扩到新地区，可以获得新生命与新进展，已在上面说过。但若一地文化衰落，是否可以再兴复活呢？此层值得再论。

上面又说，西方文化主要在城市，中国文化主要在农村。城市繁荣，此起彼落。农村虽有兴衰，但比较稳定。因此，作为农村凝结中心的城市，亦自与相互争存的城市不同，而连带有其稳定性。让我把在中国文化系统中，占有较长历史性的两个地区，来比较作证。一为今之山东省，一为今之河南省。为何我们不举长江流域之江浙或珠江南部的闽广诸省呢？因这些地区加入中国文化传统中比较迟。而此两省，直上直下，几千年来都在中国文化大统中占有人文成就上的重要地位。这两省时经战乱，时遭饥荒，变动极大。但屡起屡仆，屡仆屡起，并无所谓文化一衰即无再兴之理。我们今日若有人来写一部"山东、河南两省文化兴衰之综合研究"，我想这一题将是饶有意义的。当然不限此两省，即拈别地区做例，亦同样有意义。

上述中国北方，是中国文化的老家。就今天讲来，一般情形北不如南则有之，但诸位莫说中国北方已老了衰了，中国文化已转移到南方来了，此实一大错误。但我们希望中国文化的发源地北方中原，能重来一大振兴，则是应该的，而且也是重要的。

六

今天所讲，也可说是讲的文化地理。地理与文化有关，如气候、水土、山川形势、物产风景种种要素，皆与人类历史文化有大关系。如一辈子生长在香港的人，将不能真了解中国之北方。中国北方水土深厚，其人物也比较稳健踏实。香港人非亲到北方，便不易了解。但中国北方人若不亲来香港，也一样了解不到香港。诸位试想，中国地理有如此般的复杂性，此地人不到那地，便不易了解到那地，但不害其同样成为中国人，同受中国文化陶冶，这又是何等伟大的一件奇事呀！我讲至此，就想到讲历史不能单靠书本知识，还要多游历。例如信耶稣的须到耶路撒冷去，佛教徒须到印度，崇拜孔、孟便想去曲阜、洙泗一游。因游历可得更深更亲切的知识，绝非徒求之于文字书本者可得。

尤其是中国各地，无论通都大邑、穷乡僻壤，都有历史上的名胜古迹、人物遗风。即就香港言，原本是中国极南一小岛，在中国历史上似无地位可言。但诸位在此，便知香港亦多历史故迹。远的如南朝时代之青山寺，重大的如宋、元之际之宋王台等。我的故乡是江苏无锡，小地名叫梅里，远从吴太伯起，下迄东汉梁鸿，直到明、清近代，有一书名

《梅里志》，此书现在美国各大图书馆中亦均可见到。此书叙述这梅里一小区域中，所有之历史故迹名人遗踪。我幼时常好翻阅，真是可谓接触了中国历史之一角。我想在座诸位，各自回忆自己之故乡，亦必各可清楚记得自己故乡所有之历史故迹名人遗踪。即如广东人讲到曹溪六祖，岂不是唐以后中国文化史上一了不起的人物吗？故中国地理，已能和其历史交融密合紧配在一起了，没有一地无历史关系，无文化消息。若我们能到国内各地游历一趟，真可能是应接不暇，流连无尽。诸位到一处，才可明白此一处之历史，此一处之人物，与此一处之文化。以游历来做印证，以游历来求发明，这实是有意研究中国历史文化一重要的步骤。

我常听人说，中国民族同化力大，故历史上不断有外族入侵，都给我们同化了。这话也非不是。但更要的是，中国人如何能先自同化自己，成其为同一中国人。这一问题，显然比前一问题更基本、更深入。又有人说，中国地理易于统一，不如欧洲地理之易于分裂，这却未见其诚然。我不知法、比、荷、德的地形如何定须分离，我又不知同一条多瑙河顺流而下，如何定须隔断。但在中国春秋时，晋国人自称为表里河山，足可独立的。战国时，秦国见称为四塞之国，难于被侵的。后来的四川，人道是："天下治，四川后治。天下乱，四川先乱。"试问如江、淮、河、汉诸大流，如太行、秦岭、五岭诸山脉，比较起欧洲地形来，何以必见为易于统一、不易分割呀？这里面绝不是自然地理的关系，而是人文历史的关系。否则如我家乡太湖流域江、浙两省，若要模仿欧洲，至少亦该分江南、江北、浙东、浙西四国吧。只因我们习惯了在字面上在口头上，老说中国和中国人，却不仔细讨究其成为中国和中国人之一切历史文化来源，所以我今天特地提出研究历史地理一题目，也如研究欧洲史般，不妨起一番心，分着地区来研究。每一地区，从其历史演变中，自上到下，溯源竟流去探讨，去追求。即如我的家乡苏州，在春秋、战国是这样的，到明、清两代又是那样的。又如广东在两汉时代是这样的，在南北朝、隋唐时代又是那样的，在近代中国又是那样的。我们才知中国几千年来，能在这广大多异的地面上，自己抟成一民族，创立一文化到今天，其间确有不平凡的意义存在。若我们忽忘了此地理的一面，只像一条线般，由上而下来讲中国史，则将失去其中许多的精彩和真实。

第八讲　如何研究文化史

一

今天是中国历史研究法的最后一讲,今天的讲题是"如何研究中国文化史"。

以上七讲有关研究政治、社会、经济、学术、人物、地理各方面,均属研究中国文化的一部分。我们如果专从文化史来讲,则其范围应仍比上述各方面为大。可以说,文化是全部历史之整体,我们须在历史之整全体内来寻求历史之大进程,这才是文化的真正意义。进一层说,历史是人事记载,但有很多人事不载入史籍中。并非不重要,只为向来史体所限,故不一一载入。适才所说的历史整全体,则是兼指载入史籍与未载入史籍的而言。换言之,文化即是人生。此所谓人生,非指各人之分别人生,乃指大群体之全人生,即由大群所共同集合而成的人生,包括人生之各方面、各部门,无论物质的、精神的均在内,此始为大群人生的总全体。又当是立体的,而非平面的。即是此整全体之大群人生之兼涵历史演变在内者。中国文化延续数千年以至今天，由其历史演进之总全程，包括一切方面，而来研究其会通合一之意义与价值者，乃是所谓文化。

"文化"一词，亦从西方翻译而来。中国从前人研读历史，只要懂得人物贤奸，政俗隆污。凭此一套知识，可以修己治人，则研习史学之能事已毕。现在则世界棣通，各地区，各民族，各有一套不同演进的历史传统存在着。如何从其间研核异同，比较得失，知己知彼，共图改进，于是在历史学之上，乃有一套文化学之兴起。此在西方不过百年上下之事，但中国古人实早有此观念。《易经》上有"人文化成"一语，文即指人生之多彩多姿各种花样言。人群大全体生活有各部门，各方面，如宗教、艺术、政治、经济、文学、工业等，各相配合，融凝为一，即是文化。此多样之人文，相互有配合，先后有递变。其所化成者，正与近代人文化一观念相吻合。故此一翻译，实甚恰当。自此处言，可见文化即是历史，惟范围当更扩大，内容当更深厚。若我们有意研究文化，自须根据历史。因文化乃是历史之真实表现，亦是历史之真实成果。舍却历史，即无文化。

但从另一方面看，研究文化须有哲学智慧。文化本身固是一部历史，但研究文化则是一种哲学。全部历史只是平铺放着，我们须能运用哲学的眼光来加以会通和合，而阐述出其全部历史中之内涵意义，与其统一精神来。此种研究，始成为文化史。但文化并非即是一套哲学，哲学亦仅只是文化中之一部门。若认为文化是一套哲学，此实大误。近人如梁漱溟氏著有《东西文化及其哲学》一书，彼似乎只根据哲学观点来讨论文化，亦嫌不足。我们当知讨论文化，此讨论之本身即是一种哲学了，但所讨论者则并非哲学，而是历史。哲学可以凌空讨论，而历史与文化之讨论，则必有凭有据，步步踏实。此一分辨，先当注意。

二

我下面所讲，并不想讲中国文化内容如何，乃是讲研究中国文化必具有某几项该注意的观点。除了开宗明义的第一点，即研究文化史要具有哲学头脑，并以历史事实为根据外，尚有下列诸点，兹逐一分疏，加以说明：

其一：讨论文化史要注意辨异同。

有人说，人类本体既相同，则世界各地区所有文化应亦无大差异。此说诚亦不错。但我们试举一位音乐家与一位运动家做例，一人善钢琴，一人善网球，此两人除此一项相异外，其他方面或可说百分之九十九相同。但我们所要注意者，正是此两人间一善钢琴与一善网球之差别所在。若忽略了此异处，便成为无可说。人同是圆颅方趾，同是五官四肢，但人心不同如其面，虽同是如此圆颅五官，却不该把他们异处抹去。西方学者似乎到今天才始感到有文化学研究之必要。因他们已知世界各地区各有不同的民族文化传统，除却西方自己一套以外，尚有其他文化存在。即就西方欧洲言，如英、法、德、意诸国，他们也感到相互间各有不尽相同的文化传统。因其有此觉悟，才始知有文化研究之可能与必要。我们纵不说文化是多元的，但至少是歧出的。若专从同处着眼，如何能尽文化研究之能事？

在二三十年前，常有人说，西方文化只比中国文化走前了一步，中国文化仅相等于西方的中古时期。若中国能再前一步，便将与现代西方文化无二致。此可谓是一种文化抹杀论者。世上各民族文化传统尽自有其相同处，然而仍必有其相异处，因此乃有各种文化体系可说。当知每一文化体系，则必有其特殊点所在。有其特殊点，乃能自成为一文化体系而存在。不能谓天下老鸦一般黑，一切文化则必以同于西欧为终极。

其二：讨论文化须从大处着眼，不可单看其细小处。

如西方人初来中国，看见女人裹小脚，男人拖长辫，便认为此是中国文化。此亦是中西一相异处，亦是一特点，但太琐屑细碎了。研究文化若专从此等处着眼，则将永不识文化为何物。若我们指认街上一人，说其面有黑痣，此并不错。但若要我们介绍自己一亲戚或朋友，我们若只说其人面有黑痣，此外更无可说，那岂不成大笑话。此等说法，我则名之曰"文化的枝节论"。但见有枝节小处，不见有根本大处。此刻的中国人，男的都不拖辫，女的都不裹脚，但中国文化依然有其独特处，此即枝节与根本大小之辨。

其三：讨论文化要自其会通处看，不当专自其分别处寻。

我刚才说过，政治、经济、思想、学术、艺术、宗教、工业、商务种种项目，都属文化之一面。但在其背后，则有一会通合一之总体。我们若个别分讲上述诸项，虽均属文化范围之内，但所讲只是宗教、艺术、政治、文学等等，并不即是在讲文化。例如一个人，他的日常生活总可分多方面来说。如在学校，在家庭，或在其他的社会场合中。须把此多方面会通综合起来，才说得是明白了解此人。如只能分析，不能综合，此如佛经所说盲人摸大象，有的摸到象鼻，有的摸到象脚，凡此盲者所接触到的，固然均属象之一部分，但部分不即是全体。一只象不能即是象鼻或象脚。凡此盲人所接触者，则并非是一象。若研究文化问题，不能从其会通处看，不能从其总体上求，则最多仍不免是一种文化之偏见。

其四：讨论文化应懂得从远处看，不可专自近处寻。

要知文化有其纵深面，有长时期的历史演变在内，不可仅从一个平切面去认识。如我今天所讲，有的是当前事，有的有一二十年历史在背后，有的乃就两三千年之历史传统言。又如诸位看香港社会形形式式，岂不同样有当前事，有一二十年前事，乃至更远的存在？诸位当知，专就存在于香港社会的事事物物言，亦尽有可追溯到一两千年以上者。诸位当知，文化进展莫不有其长远的途程。在其途程中有波澜曲折，有迂回反复，不断有新的加进，但亦永远有旧的保留。若横切一平面看，便不看见此进展大势。固然以前进展也尽多保留在此平面上，但必须知此平面亦必仍然在进展中。

记得我在小学时代，一天，有一位先生知道我正看《三国演义》，对我说，此书不足看，开头便错了。他说："天下大势，分久必合，合久必分，一治一乱云云，那只是中国人老话。如今世界进步了，像现代西方英、法等国，他们是治了不再乱，合了不再分的了。哪里像《三国演义》上所说。"此系六十年前事。但以六十年后今天情形来说，那位先生的话，准说错了。我想此种说法，只能称之为文化的短视论。

文化演进，总是如波浪式的，有起有落。正如一个身体健康的人，他也会有病时。一个身体孱弱的，也会有康强时。所以衡量一人之体况，该看其前后进程。看文化亦然。近几十年来，国人对自己传统文化的看法，似乎都犯了一个短视病。都只从一横切面来说。若我说中国文化有价值，便会有人问，既有价值，如何会成今天般光景？但我也要问，西方文化进程中，难道从没有过衰乱与黑暗的日子吗？以前历史有变，难道以后历史便再不会有变，老该停在今天当前的这般情形之下吗？我刚才所举六十年前我的那一位先生所告诉我的一番话，那时的英国、法国，岂不正是如日中天？我的那位先生正为只从他那时的平切面看，认为英、法诸国再不会走下坡路。但在今天，由我来回头叙述，真使人有白头宫女说玄宗之感慨了。这不过是前后六十年间事而已。故知我们对一个民族文化传统之评价，不能单就眼前所见做评判的定律。我们应懂得会通历史全部过程，回头从远处看，向前亦往远处看，才能有所见。

其五：讨论文化应自其优点与长处看，不当只从其劣点与短处看。

此因任何一文化系统，必有其优点与长处，当然也必有其劣点与短处。就以往及当前言，世界任何民族所创出的任何文化体系，尚无一十全十美的。将来是否能有一个十全十美更无毛病的文化体系产生，很难说。恐怕人类文化，将永远不会有十全十美的。这是上帝造人如此，也无可奈何。我们接待人、领导人、教诲人或希望督责人，也只有从其长处引进。若专心一意来指摘人短处，则人非圣人，均难自免。如有人长于音乐，我们正可从音乐方面来鼓励培植他，却不宜笑骂他别的什么都不会。专从人短缺处吹毛求疵，则一切人将见为一无是处。

对人如此，对己亦然。不能说专对自己寻瑕求玷便是好。这可说是一种文化自谴病。今天的中国人，看自己文化传统，正抱此病。有人说中国文化更无别的，只是有太监、姨太太、打麻雀牌、拖辫子、裹小脚、抽大烟。这些指摘，自也不该否认。但我们要问中国五千年来一部二十四史，是否只是太监、姨太太、打麻雀牌、拖辫子、裹小脚、抽大烟，此外更无别的？我们是否应该软下心，回过头来也说它一些长处？专一吹毛求疵，剔垢索瘢，似乎不是一种好态度。如上所举，太监、姨太太、麻雀牌、辫子、小脚、鸦片烟等，在我们此五千年来之悠长历史中究竟占了何等地位？我们也该一翻二十四史、十通等许多历史书籍，此诸形态究从何时开始？究竟发生了何种影响？究否是中国文化之大本大源与大纲大领所在？当然我并不说讨论文化不该批评其短处，乃是说亦应该认识其长处。

而且我认为一种文化之真短处，则正该从其长处方面求。譬如说，我并非一演说家，亦非一语言学家，但此均非我之短处。讨论我之长短者，不应在此方面立论。我此刻是来讲历史文化，诸位找我短处，正该从我所讲中去找寻、去指摘。因此我们讨论文化，正该先了解其长处，然后指摘其短处。不能说一人长于游泳，但偏要他比赛打网球。若不会，便是他短处。

有人说，我向来讲中国史总爱举其长处，如此则容易误认为中国文化有长无短。其实要讲中国史，盛衰进退治乱兴亡都该讲。不能只讲汉唐，不讲三国与五代。但若你来写一部希腊史，自然只该写希腊出生了亚里士多德、柏拉图和亚历山大，却不必历数希腊没有出生过孔子、释迦和耶稣。希腊后来衰了，但当希腊盛时，那些优点也不该一笔抹去不提。而且写希腊史的，正该在其盛时多着笔，衰了便无语可着了。我上面说过，讲文化依然只是讲历史。不能说今天中国不像样，便对以往不该叙述其长处。这真是："中国不亡，是无天理了。"在我幼时，六十年前的中国人，抱此见解的真不少。他们当然亦是激发于一时爱国热忱。但我们若平心静气来讨论文化问题，则似乎不宜如此般一意自谴。太过自谴了，至少不客观，不真实，没有历史根据。

上面说过，文化只是人生。我们在实际人生中，也哪能专找人短处的呢？无论在家庭、在社会，或交朋友、或处师生，人与人间则总有种种关系。若一意专找别人短处，此诸关系也都不可能存在。若真说中国文化只有太监、姨太太、麻雀牌、鸦片烟、长辫和小脚，那真成为中国不亡，是无天理了。但试问此世界上岂不仍还有中国和中国人之存在吗？不能因为一意要骂中国和中国人，却骂到上帝瞎了眼，丧了良心，说此是无天理呀！因知做人自谴过甚，也是一病。讨论文化问题，我们也不该只如是般一味自谴自责！

上述关于如何研究文化问题，我特就我们中国此六十年来学术界风气，提出下列诸点：

一、应根据历史真情。

二、求其异，不重在指其同。

三、自大处看，不专从小处看。

四、从会通处看，不专从个别处看。

五、看得远，不可专从一横切面只看眼前。

六、不可专寻短处，应多从长处着眼。

三

以上讲了些研究文化问题所应保持的几种心习和态度。此下再略谈有关讨论文化问题的其他方面。首先谈到所谓文化精神与文化病。任何一种文化都会出毛病，但所谓文化病往往恰好正从其文化优点上生出。此层骤似颇难说，但以浅显例言，如骑者易坠，操舟者易溺，歌唱者易失音，演剧者易失态，历史上亦尽不乏其证。中国传统文化，政治方面可说是最见长的。但中国历史上大病，正以出在政治方面者为多。近几十年来，中国病痛主要亦出在政治方面。若说近代中国工商实业不发达，新科学不生根，这些话也都对。但这些只是外在短处，我们尽可设法补救，或说迎头赶上。所以老不能如此，则正为内在有病。此一病，从中国近代历史讲来，显然仍是政治病。若使政治上没有病，我们想要提倡科学，振兴实业，该不是做不到。故我说，所谓文化精神，应指其特殊长处。而所谓文化病，则正亦出生在其特殊见长处，而不在其短缺处。

若要把别人长处来弥补自己短处，便有所谓文化交流与文化革新。但文化体系譬如一七巧板，只是那七块板，却可拼成一头鸟，或一个老人，或一艘船，或一所屋子，或其他种种拼法，可成种种形态。只在此七巧板中，一块位置变动，其余各块也得随着全部变。此处可见文化交流与文化革新之不易。在文化传统大体系中，从外面加进些微影响，亦可使整个文化体系改头换面。当知别人长处与自己长处，骤然间未必便能配合上。所怕是引进别人长处，先把自己长处损害了。自己陷入病中，则别人长处亦将不为我有。故文化交流，先须自有主宰。文化革新，也须定有步骤。此六十年来的中国知识界，既对西方文化并未加以审慎别择，而对自己固有传统更不能深细剖析其利病得失之所在，随便引进一些，却转对自己损害一些。于是意态愈激，遂有提出所谓全盘西化之说。但所谓西化，究向西方哪一国、哪一民族的文化模型来化呢？这其间也得有别择，仍须有步骤，否则如何全盘地化法？"盲人骑瞎马，夜半临深池。"终是件危险事。

其实这六十年前乃至六十年中，文化何尝不时有革新。只为是无别择、无步骤。譬如那七巧板，初时一两块稍微移动，还依稀见得原来模样是老人、是马。后来逐块都变乱了，原来模样早已消失，但又尽拼不出新样子来。演变到近年如大陆，总算在全盘西化中选出一模子，可以照拼照凑。又无奈是文化旧根柢太深固，苦于一时斩不断。在看得见的方面纵使都西化了，但中国的自然背景还在，中国人的传统心习究难尽情铲除，势将仍受多少中国旧传统的影响。

从前有人主张，要劝中国人搬全家去外国留学。但此主张决难彻底。这一家纵西化了，待这一家回到中国，岂非仍在中国社会里？若使我们能把全体中国人一口气都搬到外国，则岂不仍在外国凭空搬进了一个中国社会？我们人口又多过了任何一个外国，那岂不要把外国社会反而中国化了？这六十年来的中国人，一番崇拜西方之狂热，任何历史上所表现的宗教信仰，也都难相比。所惜只是表现了些狂热的俗情，偏激的意气，最高也只算是空洞的理想，没有能稍稍措意到历史与现实方面去做考虑。

至此，我们要讲一些文化的共态与个性。文化有共同处，是其共态。文化有相异处，是其个性。个性有长有短，贵在能就其个性来释回增美。共态是一种普通水准，个性则可有特别见长。但亦不能在个性上太发展，而在共态上太落后。如印度文化，便有此毛病。六十年来的中国人常说："西方人用电灯，我们用火水灯。西方人乘汽车，我们坐独轮车。我们如何能与人相比。"此亦不错。但此所指，亦只在文化共态方面。在此共态之上，总还得有些自己的个性。又有人说："我只要能和人一般地用电灯，坐汽车，个性生而俱有，却不怕遗失了。我们尽说全盘西化，但中国人总还是中国人，莫要老在这上面操心。"此一说，骤看像有理，其实是一大荒唐。创为此等说法者，实全不知文化与人生为何事。当知文化与人生，莫不由人的心智血汗栽培构造而成。哪有如哥伦布寻新大陆，一意向西，结果却仍回到东来之理。若果我们全心全力来求全盘西化，西化不成是有此可能的。若谓东方依然仍还是个东方，这却在从来的人类文化历史上难于得证。

我们继此再谈一问题，即是世界文化与民族文化之别。究竟统一性、大同性的世界文化将在何时出现？此问题谁也不能答。或者我们可以说，这一种世界文化，在今天已在酝酿开始了。但何时能成熟确立，此尚有待。在我认为，世界文化之创兴，首在现有各地区各体系之各别文化，能相互承认各自之地位。先把此人类历史上多彩多姿个别创造的文化传统，平等地各自尊重其存在。然后能异中求同，同中见异，又能集异建同，采纳现世界各民族相异文化的优点，来会通混合建造出一理想的世界文化。此该是一条正路。若定要标举某一文化体系，奉为共同圭臬，硬说惟此是最优秀者，而强人必从。窃恐此路难通。文化自大，固是一种病。文化自卑，亦非正常心理。我们能发扬自己文化传统，正可对将来世界文化贡献。我能堂堂地做一个中国人，才有资格参加做世界人。毁灭了各民族，何来有世界人？毁灭了各民族文化传统，又何来有世界文化？

我下面将再略说文化的陶冶与修养，及其承担与护持。或有人问：你上面所说诸项文化问题及发挥中国文化优点，固然也可能很对。但中国文化在今天，确已像到了一条山穷水尽之路。要何人来承担此一番文化复兴之大任，以及如何来护持此一份文化业绩于永存呢？此一问题，该是很艰巨。但我的答案则很简单。中国古人说："道不虚行。"又说："苟非至德，至道不凝焉。"文化的责任，只在人身上。明末大儒顾亭林曾说："天下兴亡，匹夫有责。"此一番文化业绩之护持，其职责正落在我们当前各人的身上。自然非有一番文化修养与文化陶冶的人，便无法来善尽承担文化与护持文化之责。上次我说过，只要有中国人在，在其背后则必带有一套中国的文化传统，此是从一面说。但话又得说回来，今天的中国，对自己以往那一套文化传统，有的存心鄙薄，有的漠不关心，似乎中国人对中国自己的文化传统，并不能如其他民族般保守与固执，此抑或可是中国人一长处。但今天若要护持与承担中国文化，则非先有人能受良好的文化修养与陶冶不可。此事可以深言，也可以浅说。今天我们或许对政治、对经济、对学术各方面已感到自己力量薄弱，无法来分担此责任。但如何像样地做一个中国人，这总该是人人有责，而且人人可能，这是在人人自己本分内能力所及之事。难道我们便不能自信我自己能做一个中国人吗？你不信你自己能像样地做一中国人，难道你准自信能像样地做一外国人？若能像样地做一中国人，此人便已接受了中国传统的文化修养与文化陶冶，亦已对中国文化有所承担有所护持了。

或有人还要问，中国文化究竟在将来有无出路？此则触及文化自信与文化悲观的问题上去。我上讲曾指出，在目前，连西方人也对他们自己的文化传统陷于悲观，失却自信，则无怪我们要提出此问题。但文化本是由人创造的，文化要人继续不断地精进日前永远去创造。路在前面，要人开，要人行。不开不行，便见前面无路。却不是前人创下此文化专来供后人享受。一个文化中所留下的物质成就，是可供人享受的。一个文化中所蕴有的精神力量，则待后起人各自磨炼来发扬，来持续。文化本身是属于精神的。仅存着一堆物质，到底不成为文化。因此，此一问题无可讨论。失却自信，便真可悲观。只有我们把各自信心先树立起，便见无可悲观处，接着的问题才能有讨论。

以上所讲，只就我个人针对着近六十年来中国人讲文化的一般流弊和短视之处说起。我只因生在此时代，深受此一种时代思潮观念之影响，心中老觉苦闷不安，总想在此问题上找一出路，让自己心下得一解决，因此引生出这许多想念来。但我此种种想念，亦非凭空随便地想。我自问是曾在以往历史上下过一番功夫，而始引生起此种种想念的。

这次一连八讲，由于时间所限，所讲总嫌空泛肤浅，又是语焉不详。我不能站在纯历史纯学术的立场来讲话，有时不免带有情感，随便空说，请诸位原谅。

附　录

略论治史方法

一

　　历史本系复杂人事之记录，尤以中国史绵历之久，包涵之广，记载之详备，所谓一部十七史从何说起，更何论于今日。近人治史好言系统，然系统亦未易求，晚近学人言国史系统，不越两途。一谓自秦以来，莫非专制政体之演进。无论历史上任何事项，莫不以帝王专制一语为说。秦始皇焚书坑儒，汉武帝表彰五经，排斥百家，尽属专制。乃至隋唐科举，明代八股，莫不谓其便于专制，其他一切率类此。

　　此等说法，起于晚清革命变法潮流之下，不过为当时一种党人之宣传。细按之，无当史实。待满清倾覆，专制政体推翻，此等历史观，早应功成身退。而谬种流传，绵延不绝。据此辈人之见解，不啻谓中国自秦以来两千年之政治传统，全属不合理。直到最近民国建立，光明稍露，乃始谓骤然有长足之进步。而此等进步，明属模仿西洋，则中国此下岂不只有西化之一途。此等见解，我故名之曰"近代中国人之维新观",实即是一种"崇洋媚外"观。

又或根据西洋最近唯物史观一派之论调,创为第二新史观。其治史,乃以社会形态为躯壳,以阶级斗争为灵魂。所论厥为自秦以来,中国社会形态之阶段分别。若谓中国尚在封建社会之阶段中,绝未走上商业资本社会之阶段。自谓其对中国史已全部通透,而无奈其误解。照彼等意见,历史上种种事迹,总之为上层经济榨取之一种手腕,与下层无产民众之一种反抗,相互为消长起伏。如是则仅为彼等政治趋向之一种工具,一种说法,惜亦同样无当于国史之实际真相。

中国以往历史,究有何等意义?中国以往文化,究有何等价值?中国将来之前途,除却抹杀自己以往之一切而模仿他人以外,究有何等生路?此则尚待真心治史者之努力。

治史而言系统,固非易事。然若谓历史只是一件件零碎事情之积叠,别无系统可求,则尤属非是。或谓国史尚在逐步整理中,遽言系统,未免过早。今日急务,端当致力于新材料之搜罗,与旧材料之考订,至于理论系统,暂可置为缓图。此说亦可商。历史范围过广,苟非先立一研寻之目标,以为探讨之准绳,则史料尽如一堆流水账,将见其搜之不胜搜,考之不胜考,而历史仍不过为一件件事情之积叠,将终无系统可言。此如清儒治经,初谓训诂明而后义理明,其论亦非不是。而极其所至,训诂小学日明,经学大义日晦。精熟《说文》《尔雅》,岂遂通得语孟义理。

窃谓今日治史要端,厥当先从通史入门。中国今日尚无一部适合于时代需要之通史,但以研读通史之方法治史,为又一事。此两事虽属相关，然无第一事仍不妨其可有第二事。

窃谓治史者当先务大体，先注意于全时期之各方面，而不必为某一时期某些特项问题而耗尽全部之精力，以偏见概全史。当于全史之各方面，从大体上融会贯通，然后其所见之系统，乃为较近实际。其所持之见解，乃得较符真实。而其对于史料之搜罗与考订，亦有规辙，不致如游魂之无归。治古史本求通今，苟能于史乘有通识，始能对当身时务有贡献，如是乃为史学之真贡献。不致将史学埋没于故纸麓中，而亦不致仅为一时之政客名流宣传意见之利用品。

一九三六年九月

二

治史者先横亘一理论于胸中，其弊至于认空论为实事，而转轻实事为虚文。近人每犯此病。史迹浩繁，或与自己所抱理论渺不相关，或扞格不入。不悟所抱理论不能涵括史实，而转疑史籍别有用意。循至于前代史实，毫不研寻。自抱理论，永此坚持。当知治史先重事实，事实未了，而先有一番理论条贯，岂得有当？

昔人治史，先从一方面再转别方面，久之各方面俱到。今治国史，苟能于政治制度上，或于食货经济上，先事寻求。事实可以范围理论，而理论不足以改变事实。超越事实空言理论，则理论尽可有千百样不同，而事实则只此事实。

此乃所谓历史，虽千头万绪，不胜浩繁，须虚心耐烦以求认识。

认识事实亦非易。人事繁赜，复杂万状，其相互间，轻重大小，先后缓急，至不易辨。处世阅历，只是其中之一部分。治史者贵能上下古今识其全部，超越时代束缚。故首当虚心耐烦，先精熟一时代之专史，乃能深悉人事繁赜之一般。而对于各方面事态之互相牵涉影响，及其轻重大小，先后缓急之间，亦渐次呈露。如是，其心智始可渐达于深细邃密、广大通明之一境。然后再以通治各史，自知有所别择。然后庶几可以会通条理而无大谬。能治通史，再成专家庶可无偏碍不通之弊。

一九三六年九月

三

近人治史，每易犯一谬见。若谓中国史自秦以下，即呈停顿状态，无进步可说。此由误用西人治史之眼光来治中史，才成此病。

今试设譬，有两运动家，一善网球，一精足球，若为此两人做年谱，乃专事抄袭网球家定稿，来为足球家做谱，岂得有当。近人治中国史，正多抱此意见。若谓中国惟先秦一段尚见光彩，此下即渐入歧途。惟洗伐净尽，扫地赤立，另起场面，庶可赶上他人。是不啻以网球家成格，来批评足球家，宁得有当。

中国史与西洋史精神上之差异，至少尚远过于足球家与网球家之不同。或仍过于运动家与美术家之别。今治西洋史，以其走上近代化的步骤，如十字军战争、文艺复兴、宗教改革、海外殖民地之寻觅、法国大革命、机械工业骤起、社会主义种种，来看中国史，则中国史殆如半死不活，绝无生命可言。惟春秋战国时代，尚有封建贵族宗教神权等等，几分近似西洋史处。今完全以西洋目光治中国史，则自秦以下宜为一个长期停顿之状态。

中国新史学之成立，端在以中国人的眼光，来发现中国史自身内在之精神，而认识其以往之进程与动向。中国民族与中国文化最近将来应有之努力与其前途，庶亦可有几分窥测。否则舍己之田，而耘人之田，究亦何当于中国之史学。

一九三六年十一月

四

中国为世界上历史最完备之国家，此尽人知之。论其特点，一、绵历悠久，继承因袭永无间断。二、史体详备，各种史料均得收容。包括地区之广，与其活动民族分量之多，而益形成中国史之繁复，并世各民族，莫能与比。我民族文化之惟一足以自骄者，正在其历史。足以证明吾民族文化之深厚与伟大，而可以推想吾民族前途之无限。

然而一往不变者，乃历史之事实。与时俱新者，则历史之知识。中国历古相传之史籍，亦仅为一种积存的历史材料，并非即我侪今日所需要之历史知识。所谓历史知识，贵能鉴古知今，使其与现代种种问题有其亲切相联之关系，从而指导吾人向前，以一种较明白之步骤。此等历史知识，随时代之变迁而与化俱新，固不能脱离以往之史料，惟当在旧存之史料中耐心检觅。

今日中国处极大之变动时代，需要新的历史知识为尤亟。凡昔人所宝贵获得之知识，吾人或嫌不切当前需要，而我人之所欲探索寻求者，昔人或未必注意及之。故中国虽为历史最完备之国家，而今日之中国，却为最缺乏历史知识，同时最需要整理以往历史之时期。

时时从旧史里创写新史，以供给新时代之需要，此不仅今日为然。即在以往，其历史虽一成不变，而无害新史之不断创写。举其最著者，《尚书》为吾国最初之史书，而书缺有间，盖中国文化尚未到达需要编年史之程度。及《春秋》，为中国最初之编年史，《左传》尤为编年史之进步，然而犹未达以人物为历史中心之阶段。司马迁《史记》出，始以人物为中心。其时人物个性之活动，已渐渐摆脱封建时代宗法社会团体性之束缚而见其重要，故写史者乃不得不创造新体以为适应。班氏《汉书》，则为断代史之开始。乃中央统一政府渐臻稳固后，一种新要求。自此遂形成中国列代之所谓正史。而创写新史之要求，则继续无辍。又著者，如唐代杜氏《通典》，此为政书之创作，乃一种以制度为中心之新历史。继此如宋代司马光之《通鉴》为编年的新通史。又有各史纪事本末，为事件中心的新史之再兴。郑樵《通志》，尤为体大思精，求有以通天人之际，藏往开来，而非前史体例之所能限。然则中国以往旧史，亦不断在改写中。而今日则为中国有史以来所未有之遽变时代，其需要新史之创写则尤亟。

窃谓今日当有一部理想之中国通史，供给一般治中国政治、社会、文化、思想种种问题者一种共同必要的知识。不宁惟是，实为中国国民其知识地位比较在水平线上，与社会各界比较处于上层地位者，一种必要之知识。人类必由认识而后了解，亦必由了解而后发生深厚之感情。今使全国各知识界，乃至各界领袖分子，于其本国以往之文化与历史，全不认识，试问何从而生了解？既不了解，更何从而有感情？然则其对于本国民族与文化传统之爱护，何能望其深切而真挚？今使全国各界之领袖人物，对其本国民族与文化，俱无深切真挚之爱情，试问其可有之危险为何如？然而此非欲锢蔽全国人之心思气力以埋头于二十四史、九通，为旧史料之记诵。亦只谓其本国历史的知识，为其国领导分子、知识分子所应有的知识而已。至于此种知识之提供，则尚有待于今日本国史学界之努力，此则需有新史学之创建。

所谓新史学之创建，此亦殊难一辞而尽。要言之，此当为一种极艰巨的工作，应扼要而简单，应有一贯的系统，而自能照映我国家现代种种复杂难解之问题。尤要者，应自有其客观的独立性，而勿徒为政客名流一种随宜宣传或辩护之工具。要能发挥中国民族文化以往之真面目与真精神，阐明其文化经历之真过程，以期解释现在，指示将来。

有志为此种探讨，其中心注意点，如历代之政治制度，人物思想，社会经济，将以何者为研寻国史新知识之基本要点？此亦难言。中国新史学家之责任，首在能指出中国历史以往之动态，即其民族文化精神之表现。此在能从连续不断的历史状态中划分时代，从而指出其各时代之特征，即此一时代与前一时代及后一时代不同之所在，亦即各时代相互之异同。从此乃见其整个的动态。如某一时代特异之状态在经济，则此项经济状态即为该一时代之特征。或在政治制度，或在学术、思想、宗教、风俗，诸端皆然。

经济情形未尝非历史事项中极重要之一端，然若某一民族之历史，其各时代之变动不在经济而别有所在，则治此民族之历史者，自不得专据经济一项为惟一之着眼点，此理甚显。中国自秦以来，直迄最近，苟自社会经济一端言，要之在农业经济之状况下。若遂据此而轻率断定中国文化自秦以来即少进步，自属偏见。治国史者，苟专在农业经济方面从事探讨，无怪其谓中国民族绝少进步。因各时代状况略相同，无从寻得其进步之所在。然若真能为客观科学的新史家，必从识得中国史之变动何在始。中国史之变动，即中国史之精神所在。近人误认为中国史自秦以下即绝少变动，其实皆由未尝深究国史之内容，而轻率立言之故。变动何在，当详他篇。此不具论。

一九三七年一月

历史教育几点流行的误解

近读《史地教育委员会二次会议参考材料第一号》，一九三八年八月总裁训词《革命的教育》，深受感动。我们只须真实认识，真实推动，更不必再多说话。

总裁训词里说："我们今后教育目的，要造就实实在在能承担建设国家复兴民族责任的人才。而此项人才，简单说一句，先要造就他们成为一个真正的中国人。"这是一个万分痛切的教训。要做一个真正的中国人，我想惟一的起码条件，他应该诚心爱护中国。这不是空空洞洞的爱，他应该对中国国家民族传统精神传统文化有所认识了解。譬如儿子爱父母，必先对其父母认识了解。这便是史地教育最大的任务。

一部二十四史从何说起。国史浩繁，从前人早已深感其苦。何况身当我们革命的大时代，在一切从新估价的呼声之下，更觉国史传统之不易把捉。但是愈是新的改进，却愈需要旧的认识。过去和现在，绝不能判然划分。因此在我们愈觉得国史难理的时候，却愈感得国史待理之必要。

我常细听和细读近人的言论和文字，凡是主张有关改革现实的,几乎无一不牵涉到历史问题上去。这已充分证明了新的改进不能不有旧的认识。只可惜他们所牵涉的历史问题,又几乎无一不陷于空洞浅薄乃至于见解荒谬。这是事实。我们这一时代,是极需要历史知识的时代,而又不幸是极缺乏历史知识的时代。

让我略举数例以资说明。我常听人说,中国自秦以来两千年的政体是一个君主专制黑暗的政体。这明明是一句历史的叙述,但却绝不是历史的真相。中国自秦以下两千年,只可说是一个君主一统的政府,却绝不能说是君主专制。就政府组织政权分配的大体上说,只有明太祖废止宰相以下最近明、清两代六百年,似乎迹近君主专制,但尚绝对说不上黑暗。人才的选拔,官吏的升降,刑罚的处决,赋税的征收,依然都有传统客观的规定,绝非帝王私意所能轻易摇动。如此般的政体,岂可断言其是君主专制?

只缘清末人,熟于西洋18世纪如法人孟德斯鸠辈的政论,他们以为国体有君主、民主之分,政体有专制、立宪之别。中国有君主而无国会无宪法,便认是君主专制。不知中国政体,如尚书、礼部之科举与吏部之诠选,已奠定了政府组织的基础,不必有国会而政权自有寄托。如有名的唐六典,大体为宋代以来所依照,极精密极完整的政权分配,使全个政府的行政机关各有依循,便不必有宪法而政权自有限节。而况明代以前,宰相为行政领袖,与王室俨成敌体。王帝诏命,非经宰相副署,即不生效。君权相权有时互为轩昂,正如法国、美国总统制与内阁之互为异同。

现在我们一口咬定，说两千年来中国只是一个专制黑暗的政体，我们非得彻底翻新，加以纠正。政治只是社会各项事业中较重要的一项。政治理论全部变了，则牵连而及于社会其他各项事业之理论，亦必随而变。牵一发动全局，因而摇动及于全部人生理论、精神教育以至整个文化传统。试问中国传统政治及其背后的理论，若要全部翻新，以前种种譬如昨日死，一刀两截，非不痛快，然而以后种种却从何产生？于是在革命初期，便已有英国制和美国制的争论。而随着上次欧洲大战后的新变动，国内又产生苏维埃共产政治与德、意独裁政治的鼓吹与活动。试问一个国家的政治理论及其趋向，是何等有关于全民族的，而把它的重心全部安放在异邦外国人的身旁，这是如何一件可诧异而可惊骇的事。

只有孙总理的三民主义，努力要把中国将来的新政治和以往历史的旧传统，连根接脉，视成一体。可惜他的见解，尚不为一般国人所了解。一般国人只还是说，中国自秦以下两千年政治，只是专制黑暗。他们像是根据历史，但他们并不真知历史。不知乃不爱，但求一变以为快。

再举一例。我又常听人说，中国人两千年来闭关自守，不与外来民族相接触，因而养成其文化上自傲自大、深闭固拒的态度。这又是一句历史的叙述，只可惜仍不是历史的真相。秦以前暂不论，我们再就秦以下言之，自东汉初叶，中经魏晋南北朝，下迄隋、唐，大体上超过六百年时间，可说是中国接触吸收印度佛教文化的时期。印度可说是中国的近西。自隋、唐以下迄于宋、元，大体上又有六百年的时期，可说是中国接触吸收阿拉伯伊斯兰教文化的时期。阿拉伯、波斯可说是中国的远西。中国自秦、汉以下的一千三四百年间，西北陆路、西南海路的向西交通从未断绝。中国人何尝闭关自守？今佛教已为中华民族所信仰，而伊斯兰教之在中国，亦得自由传布。汉、满、蒙、回、藏，民国以来合称五族。中华文化吸收印度佛教之影响，人尽皆知。而自唐以下，中华文明所受阿拉伯、波斯、伊斯兰教东来之波动，现在尚需学者详细阐发，中国人何尝自傲自大。

六朝、隋、唐中国高僧西行求法的热忱，以及唐以下中国对波斯、大食商人的坦白宽大的态度，只广州一埠，在唐末便有大食、波斯商人二十万之谱，而其时大食、波斯商人之足迹，已遍布中国。从此便够证明上述中国人文化自傲、对外深闭固拒的评状，全无根据。此等话，只是近代西洋教士与商人的谰言，并非历史真相。

西洋中古时期的耶稣教，本已包揽着许多政治、社会上的尘世俗务。海通以还的耶教士，更形变质，几乎成为帝国主义、资本主义之前呼后拥。他们把在南非与北美的经验与态度带到中国。不仅来中国宣传教理，还往往干涉中国之内政，激起中国之民变。与往古印度高僧纯以宗教真理相感召之精神，显有差别。而西洋商人之牟利政策，如鸦片强卖等，更招中国人之恶感。近世中西交通史上，鸦片战争前后，不断的教案以及连续的强占土地强索赔款等事项，其是非曲直，大可待有志研究全世界人类文化史而抱有明通观点者之公平判断。

中国史上之东西交接，至少已经三期，第一期是近西的中印接触，第二期是远西的中回接触，第三期才是更远西的中欧接触。前两期各自经历六七百年的长期间，已见中华民族对外来异文化之一般态度及其成效。现在的中欧接触，自明末以来，为期只三百年，虽则西洋以其过强之势力压迫于我，但我们诚心接纳吸收异文化之热度，仍是与前一般。若以前两期的成绩来推论，再历三百年，中华民族一定能完成吸收融和我更远西的欧洲文化。

但是要吸收外面的养料，却不该先破坏自己的胃口。近代的中国人，也有笑林文忠为顽固糊涂，捧耆善、伊里布等为漂亮识大体的。这无异于站在外国人的立场，代外国人说话。中国人自己不知道中国事，便不爱中国。不知道中国不爱中国的人，如何算得是一个真正的中国人。事实上是一个真正的中国人，而理论上却又绝不能算他是一个中国人，如此般的人，到处皆是，岂不可痛，岂不可惊。

上述的两例，一个使中国人感觉中国以往一切要不得，一个使中国人不敢批评外国人一句，不是的只在自己这一边。这种错误观念，关系何等重大。它们都像是一种历史叙述，但是绝不是历史的真相。无意中已把中国人立足所在的重心，迁移依靠在非中国人的脚边。这样将使中国人永远不能自立。

现在再举一个更明显的例子，而又是有关于地理问题的。辽河流域在中国史上深远的关系，早已发生在秦汉之前。直到明代，建州卫特起，只是吉林长白山外一小部落。辽河两岸，全属明代疆土。满清入关，定鼎以后，不许汉人出山海关，要把关外做他的退步。但是那时只称辽、吉、黑作关东三省，绝不叫他是满洲。日本人又进一步，把清代所称关东三省径呼满洲，又常以满鲜、满蒙并称。中国人不知其用意，自己亦称关东三省作满洲。直到伪"满洲国"成立，世界上不了解真相的人，还以为满洲人在其本土满洲自立一国。这是外国人冤枉中国歪曲中国历史来欺侮中国人之一例。

我们并不想歪曲自己的历史，来利用做一时的宣传。但是我们应该澄清当前流行的一套空洞浅薄乃至于荒谬的一切历史叙述。我们应该设法叫我们中国人知道真正的中国史，好让他们由真正的知道，而发生真正的情感。这样才配算是一个真正的中国人。这一个责任，自然要落在史地教育者的身上。

现在再说到中国传统文化之价值问题，这本可不证自明的。中国文化是世界上绵延最久展扩最广的文化，只以五千年来不断绵延不断展扩之历史事实，便足证明中国文化优异之价值。近百年来的中国，不幸而走上一段病态的阶段。这本是任何民族文化展演中所难免的一种顿挫。又不幸而中国史上之一段顿挫时期，却正与欧美人的一段极盛时期遭逢而平行。国内一般知识分子，激起爱国忧国的热忱，震惊于西洋势力之咄咄可畏，不免而对其本国传统文化发生怀疑，乃至于轻蔑，而渐及于诅骂。因此而种种空洞浅薄乃至于荒谬的国史观念，不胫而走，深入人心。然而此种现象，亦依然还是一时的病态，并没有摇动到中国传统文化之根柢。只看此次全国抗战精神之所表现，便是其明证。试问若非我民族传统文化蕴蓄深厚，我们更用何种力量团结此四万万五千万民众，对此强寇做殊死的抵抗？

当知无文化便无历史，无历史便无民族，无民族便无力量，无力量便无存在。所谓民族争存，底里便是一种文化争存。所谓民族力量，底里便是一种文化力量。若使我们空喊一个民族，而不知道做民族生命渊源根柢的文化，则皮之不存，毛将焉附。目前的抗战，便是我民族文化的潜力依然旺盛的表现。此在一辈知识分子，虽有菲薄民族文化乃至于加以唾弃的，而在全国广大民众，则依然沉浸在传统文化的大洪流里，所以宁出于九死一生之途以为保护。

由此言之，今日史地教育更重要的责任，却不尽在于国史知识之推广与普及，而尤要的则更在于国史知识之提高与加深。易辞言之，不在于对依然知道爱好国家民族的民众做宣传，而在于对近百年来知识界一般空洞浅薄乃至于荒谬的国史观念做纠偏。更要的，尤在于对全国民众依然寝馈于斯的传统文化，能重新加以一番新认识与新发挥。在此革命建国时代，又值全世界大动摇之际，若非将我民族传统文化做更深的研寻与更高的提倡，而仍是空洞浅薄或仍不免于荒谬地只求利用历史来对民众暂时做一种爱国的宣传，依然一样地无济于事。

说到这里，史地教育界责任之艰巨，更可想见。此在全国史地教育界同仁，固当益自奋励，肩此重担。而在提倡史地教育的行政长官，以及关心此问题的爱国学人，则希望不断地给予我们以鼓励与助力，乃至于给予我们以宽容与期待，莫要把此事业看轻易了。

一九四一年十一月

图书在版编目（CIP）数据

中国历史研究法 / 钱穆著 . -- 长沙：岳麓书社，2024. 10. -- ISBN 978-7-5538-2155-9

Ⅰ . K207

中国国家版本馆 CIP 数据核字第 202403VQ50 号

ZHONGGUO LISHI YANJIU FA
中国历史研究法

著　　者：钱　穆
责任编辑：丁　利
监　　制：秦　青
策划编辑：王心悦
版权支持：辛　艳　张雪珂
营销编辑：柯慧萍
封面设计：利　锐
版式设计：李　洁
内文排版：谢　彬
岳麓书社出版
地址：湖南省长沙市爱民路 47 号
直销电话：0731-88804152　88885616
邮编：410006
2024 年 10 月第 1 版　2024 年 10 月第 1 次印刷
开本：875 mm × 1230 mm　1/32
印张：5
字数：108 千字
书号：ISBN 978-7-5538-2155-9
定价：39.80 元
承印：三河市兴博印务有限公司

若有质量问题，请致电质量监督电话：010-59096394
团购电话：010-59320018